LETTRE A NAPOLÉON III

SUR

L'ESCLAVAGE

AUX ÉTATS DU SUD

LETTRE A NAPOLÉON III

SUR

L'ESCLAVAGE

AUX ÉTATS DU SUD

Par un Créole de la Louisiane

PARIS

CHEZ DENTU, LIBRAIRE-ÉDITEUR

PALAIS-ROYAL, 13 ET 17, GALERIE D'ORLÉANS

1862

A MONSIEUR MOCQUARD,

Secrétaire de l'Empereur, Chef du Cabinet, aux Tuileries.

Monsieur,

Permettez-moi de réclamer votre bienveillant appui au sujet de la lettre ci-jointe, traitant de la question de l'esclavage aux Etats du Sud, que j'ai l'honneur d'adresser à Sa Majesté et que je vous prie de vouloir bien mettre sous ses yeux.

Dans cette lettre, que je résume ici en peu de mots, j'établis les vérités suivantes :

I. Que les hommes doivent travailler puisque ce n'est que par le travail qu'individuellement ils vont de l'ignorance à l'instruction, et que collectivement ils cheminent de la barbarie à la civilisation ; qu'aller de l'une vers l'autre étant la destinée de l'humanité sur cette terre, le travail est le premier des devoirs de l'homme.

II. Que ceux qui travaillent ont le droit de faire travailler ceux qui ne travaillent pas, car la terre, quel que soit le partage qu'en aient fait entre eux les peuples, n'est autre qu'un domaine commun donné par Dieu à l'humanité entière ; que tous ont donc comme copropriétaires le droit de faire remplir leur devoir de travail à ceux qui le négligent.

III. Que ce droit, le droit de l'homme de faire travailler l'homme, a été de tout temps parce qu'il fut de tout temps un des moyens dont Dieu s'est servi pour faire marcher l'humanité sur la route du progrès ; fait qui serait aujourd'hui connu de tous si nos historiens avaient su découvrir et constater l'ensemble des moyens employés dans ce but par la Providence.

IV. Qu'en forçant au travail la race noire, jusqu'alors plongée dans l'oisiveté, la race blanche ne fait que ce qui est de son droit et de son devoir. Et l'on se convaincra que ce droit n'est point exercé tyranniquement si l'on veut réfléchir :

1° A l'intérêt qu'a la population blanche du Sud de bien traiter la race noire, vu l'importance de ses services ;

2° A la supériorité morale et intellectuelle de nos planteurs, à qui Dieu a plus particulièrement confié l'éducation de ces peuples enfants de l'Afrique.

V. Qu'il est du devoir et de l'intérêt de l'Europe de rompre un blocus ineffectif et de nous mettre ainsi à même d'empêcher que nos ouvriers noirs ne revagabondent et que ses ouvriers blancs ne manquent de travail et de pain.

Veuillez, Monsieur, agréer mes respectueuses salutations.

E. M.

Hôtel du Louvre, 27 mars 1862.

LETTRE A NAPOLÉON III

SUR

L'ESCLAVAGE

AUX ÉTATS DU SUD

SIRE,

L'esclavage pose en ce moment au monde une question qui l'embarrasse fort. « Depuis longtemps, lui dit-il, je vous sers, et non seulement vous ne m'en avez aucun gré, et ne semblez pas même vous en douter, mais encore vous m'accablez d'injures. Assez comme cela! Dorénavant vous cesserez de m'insulter et travaillerez à me comprendre, afin de pouvoir me répondre, et me répondre promptement, une fois pour toutes, si vous voulez de moi, oui ou non. »

Et pour obtenir plus vite la réponse qu'il exige, et montrer au monde que sa patience est bien réellement à bout, il se jette d'un bond sur les Etats-Unis, les fend en deux d'un seul coup, puis, se retournant furieux vers l'Europe et la menaçant à son tour, il se prépare à fondre sur elle. Et le monde, ébahi de cette violence inattendue, ahuri par les cris que poussent le Nord et le Sud, abasourdi par les coups de canon qu'en guise d'arguments ils s'envoient par la tête, le monde ne répond mot. Lui, cependant qui, à coup sûr, tient l'esclavage pour un rien qui vaille, et qui, en d'autres temps, n'eût certes pas manqué de punir tant d'outrecuidance en le jetant ou essayant de le jeter à la porte, aujourd'hui, retenu par un je ne sais quoi, la faible lueur d'un scrupule naissant, aujourd'hui, au dernier moment, il s'abstient et s'arrête. Ne sachant ni que dire ni que faire, il ne fait rien, absolument rien. Si, pardon, il s'amuse, quand il ne s'en désole pas, à regarder se battre les Etats désunis, puis aussi, pérore, et imprime, et, suivant ses us et coutumes, pérorerait et imprimerait ainsi sans se fatiguer jusqu'à trouvaille de la réponse à faire.

Mais ce *piano*, tout *sano* qu'il soit en temps ordinaire, ne saurait convenir ici; c'est répondre, c'est faire, c'est se décider à quelque chose, qu'il faut. Mais le monde, qui de sa vie n'a pris le galop et n'a nulle envie de le prendre, qui trouve que déjà, surtout depuis quelques années, il va un train auquel il est peu fait, le monde, que, du reste, cette question ennuie fort, le monde n'a pas sa réponse prête et n'y peut rien. Et l'esclavage s'impatiente et se prépare à frapper un second coup, autrement dangereux que le premier, un coup qui à la fois casserait vos vîtres en Europe et finirait de casser les nôtres en Amérique.

Cette réponse, qu'il faudrait, qu'il faut de suite, où la trouver?

A défaut d'autre chez moi, Sire. Créole de la Louisiane, élevé à Genève, j'ai passé en Europe plus d'une vingtaine d'années, la moitié de ma vie; l'autre, par parties égales, dans les États à esclaves et dans les États libres. Les circonstances m'ont donc favorisé pour bien voir l'esclavage, pour le voir sans préjugés ni pour ni contre; et même favorisé au point de vouloir que de ma vie je n'eusse d'esclaves à moi, afin sans doute de me permettre d'en parler aujourd'hui d'une manière tout à fait désintéressée.

J'offre donc ici, et certes je n'offrirais point si je n'étais soutenu par de bien puissantes convictions, une réponse, que je crois être, qui est, j'en suis certain, la bonne, la vraie, la seule à faire, appuyée d'arguments que je crois de nature à convaincre philosophes et hommes d'État, commerçants et ouvriers.

Mais pour que cette réponse fût utile, il faudrait pouvoir la faire entendre; et pour cela, au milieu de tout ce brouhaha, je le déclare, je ne suis pas de taille.

Or donc, quand on se sent trop faible, en face d'un danger comme celui qui nous menace tous, quelque amoureux qu'on soit de la paisible obscurité où l'on a jusque-là vécu, on doit en sortir, et, usant du droit imprescriptible qu'a le petit de s'adresser au grand, on doit, sans hésitation, faire ce que je fais et aller a vous, Sire, qui seul au monde êtes assez fort pour être entendu, assez intelligent pour être compris de tous; à vous, qui marchez le premier en tête de l'humanité; à vous, que Dieu a évidemment envoyé à notre époque pour faire les réponses aux questions posées à la fin du siècle dernier et au commencement du nôtre, et qui ferez celle-ci comme vous en avez fait et en ferez encore bien d'autres. Quoique étranger, m'adresser à vous me semble tout naturel; ne pas le faire m'eût, au contraire, à moi qui vous vois, vous comprends et vous aime, paru plus que de la naïveté. Le faire, le faire sans crainte, sans celle même de vous dérober une de vos heures si précieuses, me semble tout simple, car je sais avec tous que les forts sont les bons, les plus forts les meilleurs, et je sens qu'au cas où je me tromperais sur la nature de la réponse à faire, vous seriez de tous le premier à pardonner ce qui ne serait plus chez moi qu'une impardonnable indiscrétion.

Mais je ne me trompe pas, Sire ; jugez-en.

A l'encontre de ce que pense la grande majorité des hommes, la réponse à faire à l'esclavage est : « Restez, restez parmi nous, restez-y pendant bien des années encore. » Cette réponse est celle qu'il lui faut faire, parce que l'esclavage est, aussi bien en théorie qu'en pratique, et pendant longtemps sera un bien et à la fois un droit et un devoir pour les deux races, la blanche et la noire, plus qu'un bien, plus qu'un droit et un devoir, une nécessité dont il ne leur est pas, pour le moment, permis de s'affranchir.

Mais avant que de faire cette tant gracieuse invitation à ce tant noir personnage, il ne serait que prudent de nous bien renseigner sur son compte, de voir un peu d'où il sort, comment il se trouve ici-bas parmi nous, ce qu'il y fait, et d'abord ce que nous y faisons nous-mêmes.

Quant à nous, Sire, vous l'avez dit, et tout penseur le pense, nous marchons le long d'une ligne droite qui va de la barbarie à la civilisation. Et cela est facile à prouver. D'abord nous marchons, car il est incontestable que nous faisons partie de la création ; que, comme toute chose créée, nous avons eu un commencement et aurons une fin (le Créateur seul n'a ni l'un ni l'autre), une fin vers laquelle nous allons suivant une ligne droite, ou sinon une ligne droite, une courbe si faible, un arc de la circonférence si petit, quelque long qu'il soit en réalité, et si court comparé à l'inimaginable distance qui le sépare du centre du cercle ou de la sphère où siége l'Éternel au milieu de sa création, que cette ligne ne peut que passer pour droite à notre intelligence, qui ne saurait saisir l'infiniment petit; tout le long donc d'une ligne qui pour nous est droite, que, pour peu qu'on regarde derrière soi, dans l'Histoire, on voit droite et toute jalonnée de grands hommes, tous parfaitement en ligne, depuis le premier jusqu'à celui de nos jours.

Ici, bien des questions se présentent à l'esprit, entre autres :

1° D'où provient le mouvement? quelle est la force, le moteur qui nous pousse en avant ?

2° Comment se fait-il que l'humanité aille droit, tandis que les hommes dont elle se compose vont évidemment tant de travers et chacun de son côté ?

3° Dans quel ordre marchons-nous ?

4° Jusqu'où irons-nous sur cette ligne?

A ces questions il faut des réponses, parce que de ces réponses sortira la preuve de ce que j'avance sur l'esclavage, et que le garder est bien effectivement la seule chose que pour le quart d'heure nous ayons à faire.

1° Donc d'où provient le mouvement?

Du travail de l'homme, de l'emploi de ses forces pour se procurer les choses de la terre nécessaires à ses besoins. De l'homme primitif, de l'homme-enfant, de l'homme à son point de départ, le corps seul existe encore, et ce qui le prouve c'est que le corps seul éprouve des besoins, besoins excités en lui par des choses purement matérielles, etqui pour être satisfaits n'exigent d'abord que l'emploi de forces purement corporelles ou physiques.

Mais l'homme ne saurait faire emploi de ses forces physiques, et c'est en cela qu'il diffère principalement des autres animaux, sans que de cet emploi résulte nécessairement la naissance de forces d'une nature nouvelle, de forces intellectuelles ou facultés dont le germe seul existait en lui, telles que l'attention, l'imagination, la mémoire, la comparaison, le raisonnement, facultés qui croissent dans cet ordre et successivement en lui. Il ne peut, en d'autres termes, travailler du corps sans que l'esprit lui pousse et se mette de la partie; lequel, pas plus tôt poussé, éprouve à son tour des besoins, besoins nouveaux, de choses nouvelles de plus en plus éloignées du point de départ, et qui pour être obtenues exigent l'emploi de ces nouvelles forces; forces intellectuelles, qui, de même que les forces physiques, vont s'augmentant et se perfectionnant par l'exercice; besoins de l'esprit, qui, de même que ceux du corps, vont insatiablement s'adressant à de nouveaux objets; objets nouveaux se renouvelant sans cesse, choses de la terre semées, éparpillées, répandues tout le long de la route du progrès, qui attirent l'homme à elles, et qu'il s'en va broutant et livrant en pâture à son corps, à sa tête et à son cœur, afin de leur donner les forces nécessaires et se pousser ainsi de plus en plus en avant.

Quant à son cœur, c'est par le même système d'engrenage, par l'action des choses sur les besoins et des besoins sur les forces, et la réaction des unes et des uns sur les autres, qu'il est né et a crû en l'homme ; et il eût crû bien davantage si son éducation, confiée au clergé, comme cela devait être, eût rencontré un clergé plus à la hauteur de sa mission. Le cœur n'est évidemment venu qu'après l'esprit, et ses forces sont proportionnellement moindres. Je dis évidemment, car il fallait d'abord penser pour pouvoir penser aux autres et les aimer. Ce qui prouverait la vérité du dicton déjà cité, que « les plus forts sont les meilleurs », dicton qui commence à devenir populaire et à remplacer l'ancien qui voulait que les pauvres d'esprit fussent les bons, erreur dans laquelle on était tombé en prenant la faiblesse du cœur, chose passive, pour la bonté, force active de cet organe! Il est bien heureux qu'il en soit ainsi, car en ce monde « le droit du plus fort a toujours été le meilleur », du plus fort de corps jadis, du plus fort de tête bientôt. Il n'est donc que sage à la Providence d'avoir voulu que la force qui donne le pouvoir fût généralement accompagnée de bonté ; car en vérité on n'a pas trop d'un bon et solide corps, d'une bonne et solide tête et d'un bon et solide cœur, pour bien gouverner les hommes.

Ceci dit en passant, reconnaissons l'exactitude de cette première réponse, de laquelle il résulterait, si elle est correcte, et je ne vois pas par où elle pèche, que l'homme doit « travailler la terre ». Par ces mots, il faut entendre qu'il doit employer ses forces physiques, intellectuelles et morales, à se procurer et à appliquer aux divers besoins de son corps, de sa tête et de son cœur, toutes les choses qui se trouvent à la portée de ces forces, s'augmentant par l'exercice, dans les cinq règnes de la nature, son domaine : règne minéral, végétal et animal, sidéral et humain. Il le doit faire, puisque ce n'est que par l'emploi de ces forces qu'il atteint les choses dont il a besoin, choses rangées dans un certain ordre tout le long de la ligne du progrès, ligne qu'il doit parcourir d'un bout à l'autre.

D'un bout à l'autre, dis-je, car créature et homme ne sont qu'un ; comme créature, il marche vers sa fin, il faut donc qu'il y marche comme homme. De même ne sont qu'une, la ligne qu'il suit comme homme et celle qu'il suit comme créature ; car, si elles couraient dans des directions opposées, il nè pourrait marcher à la fois sur les deux. Deux lignes donc qui n'en font qu'une, et qu'il ne peut parcourir, comme nous l'avons vu, que par son travail ; ligne que, par parenthèse, on devrait débaptiser, et, au lieu de « route du progrès », appeler « route du travail », car le nom serait du moins explicatif du mode de locomotion.

De plus, s'il faut que l'homme travaille la terre, il faut que la terre soit travaillée par l'homme. Pourquoi il le faut pour l'homme, nous le savons : c'est pour que par son travail il marche vers sa fin. Mais pourquoi il le faut pour la terre, et, avec elle, pour le reste de la création, car tout s'y tient, c'est ce que je ne saurais dire. Et il y a comme cela de par le monde des millions de pourquoi auxquels nous autres pauvres diables ne trouvons dans nos sacoches que bien peu de parce que. Celui demandé ici ne se trouve pas dans la mienne, mais se trouve peut-être déjà, ou se trouvera plus tard dans celle d'un Liebig, d'un Cuvier ou d'un Dumas passé, présent ou futur, qui, lui, dès lors, fournirait une autre fournée d'arguments pourquoi il faut que l'homme travaille la terre, en fournissant les raisons pour lesquelles il faut qu'elle soit travaillée par lui.

L'homme, on le voit donc, ne saurait échapper à cette nécessité : il faut qu'il travaille.

Mais ne vous effrayez pas (j'ajoute ceci parce qu'il est possible que d'autres que Votre Majesté lisent la présente), vous tous et toutes qui avez bien quelques petits péchés de paresse sur la conscience, et n'allez pas croire que je veuille vous condamner aux travaux forcés, et qu'il n'y ait que ceux ou celles qui travaillent du marteau ou de la plume, de l'aiguille ou de l'épée, qui puissent se soustraire à l'arrêt; tous et toutes vous travaillez dans le sens que l'on doit donner à ce mot. La vieille douairière, ce magnifique réservoir de politesse exquise et qui tend malheureusement à devenir si rare, de son fauteuil boudeur fournit encore aujourd'hui et fournirait toujours, si elle le voulait bien, ce qui est aussi nécessaire au monde que l'est de la bonne huile au jeu facile d'une machine à vapeur. La jeune femme nonchalante qui de son boudoir fait chiffonner des chiffons, les imprégnant simplement de son goût parfait, de cette jolie tête, qui presque à son insu travaille, puisqu'elle regarde, compare et raisonne, met en mouvement modistes et couturières, qui, elles, mettent en mouvement Lyon, Manchester et Calcutta. Le vieillard presque en enfance, l'enfant, s'il y en a encore parmi nous, dans leurs caprices ou leurs folles fantaisies, de cette tête qui tombe, de cette tête qui lève, travaillent tous deux et font travailler les autres. Tous et toutes, plus ou moins, vous agissez de corps, de tête ou de cœur, et contribuez plus ou moins au mouvement du monde civilisé, ou, en tout cas, marchez avec lui. Votre inactivité, quelque grande qu'elle soit, ne saurait donc en rien se comparer à celle du nègre d'Afrique, ce crocodile au soleil, qui depuis soixante siècles y dort et n'a encore bougé ni pieds ni pattes.

Mais cela ne pouvait pas toujours durer ainsi. Le nègre est une créature-homme qui pour marcher doit travailler, et non une créature-singe, comme l'ont prétendu de mauvais plaisants, des savants, ma foi! créature qui marche vers sa fin par un procédé à nous inconnu, peut-être bien par la force seule de ses grimaces.

Travailler est donc une nécessité pour l'homme, qu'il soit blanc ou noir, cela est clair. Ce qui le sera non moins est la réponse à la seconde question, qui expliquera comment l'humanité va droit son chemin, quoique les hommes aillent dans tous les sens.

Le nombre et la variété des choses comprises dans les cinq règnes de la nature étant très-considérable, tout aussi considérable au moins que le nombre des besoins qu'elles excitent en l'homme, ou que la variété des efforts qu'elles en exigent, il en résulte une infinité de lignes, de longueurs et de directions diverses, tracées par les hommes dans leurs marches respectives vers ces choses. En effet, des hommes nous voyons les uns aller a droite, les autres à gauche; les uns en haut, les autres en bas; les uns en avant: ce sont généralement les plus actifs de corps, de tête et de cœur, les mécontents de ce qu'ils ont, les avides de ce qu'ils n'ont pas; les autres en arrière: ce sont au contraire ceux qui, ayant en d'autres temps acquis par la violence ou la ruse plus que ne leur vaudrait aujourd'hui leur mérite personnel, ont peur de l'avenir, qui pourrait leur ôter ce que le passé leur a donné et ce que le présent leur laisse, et, pour empêcher le monde d'avancer, se servent des mêmes vieux moyens, moyens qui, Dieu merci, commencent à perdre de leur efficacité. Nous en voyons d'autres, et c'est de beaucoup le plus grand nombre, ce sont les paresseux, les pauvres d'esprit, ne faire guère usage de leurs forces que pour se procurer les choses nécessaires à leur corps. Mais ceux-là même contribuent au mouvement progressif, car il faut marcher en avant et travailler de la tête pour atteindre ces choses.

Nous voyons donc les hommes zigzaguant dans tous les sens, à toutes distances, et nous ne comprendrions pas comment de ces zigzags de chacun il résulte une ligne droite pour tous, sans l'aide des mathématiques. Ce qui prouverait le fait, si un fait aussi avéré avait besoin d'une preuve nouvelle, que toutes les choses de notre domaine se tiennent, de même que se tiennent les connaissances que nous pouvons en acquérir. Les mathématiques, en effet, nous démontrent que la force qui pousse l'humanité en avant doit être la résultante des forces diverses de chacun, de chacun de ces hommes se mouvant libres comme des poissons dans l'eau... d'un aquarium, lequel, par l'effet d'un mécanisme ingénieux, se trouverait, contenant et contenu poussé en ligne droite par le seul mouvement des poissons. Tandis que, dans notre cas, notre domaine, autant que nous pouvons le savoir, reste en place, ou plutô, ne se meut vers sa fin que plus lentement et avec le reste de la création et de son contenu, seule la masse des hommes se trouve portée en avant dans la direction où il faut qu'elle aille.

Libres dans notre domaine, et pas plus libres d'abord que ces poissons, dans leur palais de cristal, car n'ayant jadis, à notre point de départ, que des besoins physiques, nous sommes comme eux obligés d'aller vers les choses qui sont nécessaires à nos corps. Chacun peut juger du peu de liberté qu'avait primitivement la race blanche, du peu que doit aujourd'hui avoir la race noire, par le peu de temps qu'il lui est possible de résister à satisfaire ces sortes de besoins-là ; mais par la suite de plus en plus libres, car chacun aussi sent qu'il peut résister bien plus longtemps à la pression d'un besoin intellectuel qu'à celle d'un besoin corporel. Le besoin des choses, une des guides par lesquelles Dieu nous conduit, s'allonge donc de plus en plus au fur et à mesure que nous acquérons des forces intellectuelles et avançons sur la ligne du progrès.

Si nous nous représentons cette ligne comme une des perpendiculaires d'un triangle rectangle, l'hypothénuse serait la ligne qui représenterait l'accroissement de liberté que nous acquérons en avançant, et le triangle lui-même la forme de notre domaine. Mais, comme ce domaine n'est pas qu'en superficie, puisque nous pouvons monter et descendre physiquement et intellectuellement, un cône en serait la véritable forme. Un cône... mais ici j'allais dire une sottise, un cône que nous pourrions peut-être parvenir à mesurer ; mais pour cela il faudrait connaître la longueur de la ligne que nous avons à parcourir, allant du sommet à la base, et connaître aussi la dimension de l'angle que cette ligne fait avec la face extérieure du cône, deux choses du monde abstrait que nous ignorons et ignorerons toujours.

Il était bon néanmoins de connaître la forme de notre domaine, afin de savoir à peu près jusqu'à quel point l'humanité y est libre et jusqu'à quel point elle y est menée par Dieu.

Dans son enfance donc nous la voyons en lisières, et à mesure qu'elle vieillit et progresse ces lisières devenir brides et s'étendre de plus en plus. Cela est évidemment nécessaire pour qu'elle puisse exploiter son domaine, qui va s'élargissant. Celui donc qui a dit, mais a peut-être omis de le prouver, que « l'homme s'agite et Dieu le mène », n'a dit là qu'une belle et bonne vérité. L'autre qui a ajouté, ce dont on a fait une plaisanterie faute de le comprendre : « Tout est pour le mieux dans le meilleur des mondes », n'a dit là encore qu'une chose profonde dont on vérifiera l'exactitude en la rapprochant de la première. Car, si Dieu mène l'homme, et nul, quelque faible que soit sa raison, ne saurait douter qu'il ne le mène, de même qu'il mène tout ce qu'il a créé, nul ne saurait non plus douter qu'il ne le mène bien et par des moyens qu'il s'agit seulement pour nous de comprendre. C'est là absolument tout ce que cette personne avait l'intention et a eu parfaitement raison de dire.

Par des moyens qu'il s'agit de comprendre, et dont

nous connaîtrions depuis longtemps l'admirable ensemble (connaissance qui nous eût depuis longtemps convaincus que le travail forcé est une nécessité qui a été et sera toujours de ce monde) si messieurs les historiens avaient bien voulu faire leur devoir.

Et qu'ils ne viennent pas dire ici que c'était aux philosophes, chargés eux de l'étude de l'homme interne, à leur expliquer d'abord les rouages qui le font mouvoir, qu'ils ne pouvaient pas écrire d'une manière intelligible l'histoire de sa marche à travers les siècles sans savoir au préalable comment il marche ! Car je leur répondrais que je suis en mer et n'ai pas de livres où aller voir ce qu'ont fait ou n'ont pas fait les philosophes, mais que tout ce que je sais, c'est que je suis, moi créole, paresseux dit-on, obligé aujourd'hui de défendre le travail forcé à la barre du monde civilisé ; que, même si j'avais des livres, je n'irais pas y voir, parce que tous tant qu'ils sont ils sont également fautifs, vu qu'ils n'avaient pas besoin de s'attendre mutuellement ; que les historiens pouvaient par induction, en classant les faits et remontant à leurs causes diverses, arriver à la cause mère, au moteur qui met l'humanité en mouvement, et faire à leur manière ce que les philosophes auraient fait à la leur, par déduction ; que, s'ils avaient travaillé chacun de leur côté, la similitude des résultats obtenus par les deux méthodes aurait prouvé l'exactitude d'une proposition que je ne devrais pas, moi, avoir à établir en l'an de grâce 1861; que, s'ils avaient fait leur devoir, ils seraient restés depuis longtemps convaincus qu'amonceler des faits n'est pas faire de l'histoire, pas plus que faire un gros tas de feuilles, de fleurs, de racines et de morceaux d'écorce, ne serait faire de la botanique. Ils se seraient convaincus que l'histoire de l'homme n'est pas simplement l'histoire de ce qu'il a fait, mais doit être l'histoire des forces diverses qui lui ont permis de faire ce qu'il avait à faire et d'arriver où il en est arrivé.

Que, s'ils avaient fait leur devoir, ils auraient vu et auraient fait voir à tous que Dieu, pour nous mener où il faut que nous allions, n'a pas qu'une seule paire de guides; que, pour nous faire faire ce qu'il faut que nous fassions, il ne se sert pas seulement des choses de la nature et des besoins qu'il en a mis en nous, pour augmenter nos forces, les faire triompher de l'indolence qui nous retient et nous pousser ainsi en avant; mais que dans le même but il se sert encore, et principalement, des hommes les uns contre les autres, non-seulement des forts pour faire travailler et marcher les faibles, mais de ceux-ci à leur tour pour faire travailler et marcher les forts.

Ils l'auraient vu, par exemple, se servir de l'homme à son point de départ, du blanc jadis, du noir aujourd'hui, alors que tous deux n'ont encore pour tout capital que des forces corporelles et la ferme détermination de n'en rien faire; ils l'auraient vu se servir du plus fort pour faire travailler un voisin plus faible et le conduire à l'esclavage ; puis se servir de celui-ci, devenu fort par le travail, pour faire travailler son maître, devenu faible par l'indolence, ou l'obliger, s'il veut conserver sa supériorité, à travailler concurremment avec son esclave. Ils auraient vu la même chose se passer pour les forces intellectuelles de l'homme, et plus tard pour ses forces morales ; le plus intelligent faire travailler de tête le plus simple, et celui ci acquérir par l'emploi de ses facultés une supériorité qui changerait la position relative des deux, si le premier laissait sa prééminence intellectuelle se perdre dans l'oisiveté. Ils auraient vu le même fait se produire en tous temps, en tous lieux, et non-seulement d'homme à homme, de classe à classe, mais de peuple à peuple. Ils auraient vu des peuples vainqueurs de l'un, vaincus par l'autre, passer tour à tour de l'esclavage à la domination, et de la domination à l'esclavage. Ils auraient vu chez ces peuples des classes entières devenir d'esclaves souveraines, et à leur tour obligées, pour se maintenir au pouvoir, non-seulement de travailler de tête et de cœur, mais encore, et ce qui arrive le plus souvent, de faire constamment des concessions à leurs subordonnés et de leur allonger de plus en plus la bride, comme le veut le Tout-Puissant. Ils auraient vu l'esclave par son travail, et par son travail seul (il n'est et ne sera jamais pour l'homme, qu'il soit blanc, jaune ou noir, d'autre moyen de marcher en avant), d'esclave devenir serf, puis paysan taillable à merci sous un seigneur, puis bourgeois sous une aristocratie, sous une monarchie, sous une constitution, et plus tard tous et chacun, rois et nobles, bourgeois et paysans, obligés de travailler et de remplir leurs devoirs respectifs sous la pression de l'opinion publique et de la volonté de tous.

Ils se seraient convaincus et eussent en même temps convaincu le monde civilisé que le travail forcé de l'homme par l'homme, quelque forme qu'il prenne, quelque nom qu'il porte à travers les siècles, a été, est et sera toujours, parce que toujours il sera un des moyens que Dieu emploie pour avoir raison de l'indolence qu'il a mise en nous, qu'il y a mise dans un but facile à comprendre, et dont l'explication se trouvera plus loin.

Ils auraient vu que Dieu, pour nous conduire, n'a pas que ces deux paires, mais un véritable paquet de guides, à s'en remplir les mains, si SES mains pouvaient se remplir; par exemple :

1° L'instinct du vrai et du faux, du bien et du mal, qu'il nous a mis comme une boussole à la tête et au cœur pour nous indiquer ce que nous devons faire et ne pas faire : — boussole, bien entendu, qui ne nous conduit pas au devoir, nous n'y marchons que par notre travail, de même que le steamer ne marche que par sa vapeur vers l'endroit que lui indique sa boussole; —

boussole qui sert aussi à nous faire connaître les directions diverses de ceux que nous rencontrons en route, quand elle ne se dérange pas, et plus ou moins bien, suivant sa qualité, qui diffère chez chacun, car chaque chose en ce monde diffère de la voisine; petit instrument qui toutefois, bon, médiocre ou mauvais, est indispensable à bord, surtout joint au suivant :

2° Le don de suivre, autre paire de guides fort commode à Dieu pour mener son troupeau où il veut, et tout aussi indispensable aux hommes que la première, quand elle ne bat pas la breloque et ne les fait pas s'échouer sur des rochers, ou, à elles deux, suivre comme des moutons de faux bergers qui les mènent dans des trous d'où l'on a ensuite une peine terrible à les faire sortir, à preuve la présente.

3° Les grands hommes, qui sont au reste de l'humanité ce que quelques gros diamants, tels que le Mogol, le Koh-i-noor, le Régent, etc., sont aux autres pierres de la terre, et qui valent des millions chacun, tandis qu'il faut des millions de grains de sable, par exemple, pour valoir un sou. Dieu s'en sert principalement dans les cas de maladies morales, fièvres, folies, prostrations et autres, aussi variées que nombreuses, dont il frappe de temps à autre, et pour des causes à lui connues, non-seulement des individus, mais encore des peuples, des races entières. Au moyen de ces guides, il les fait se relever et reprendre place au troupeau. Les hommes de cette faculté ont le double mérite, bien rare, non-seulement de savoir exactement quoi prescrire aux divers malades pour les remettre sur jambes, mais de savoir aussi le leur faire avaler; ce sont Alexandre, César et brillante compagnie, hommes jalons dont les colossales statues se dressent sur la route du progrès pour en indiquer la direction.

4° La force magnétique, que je n'admets ici, bien entendu, qu'accompagnée d'un très-gros point d'interrogation. Nous savons toutefois ou croyons savoir qu'il existe en nous une force de ce nom-là, dont nous ne soupçonnions pas l'existence il y a trois ou quatre cents ans, et qui nous permettrait, sans recourir à nos forces corporelles, de nous faire obéir d'une autre personne plus faible ou n'employant pas ses propres forces pour nous résister. Comme toutes les forces qui se trouvent en nous se trouvent aussi en Dieu, à un degré seulement incompréhensiblement plus élevé, il pourrait, en s'en servant le moindrement, faire faire à chacun de nous ses volontés, comme on dit, sans se déranger. Ce serait là, il faut l'avouer, une fameuse paire de brides entre ses mains. Y est-elle ou n'y est-elle pas ? « *That's the question* », à laquelle sauront peut-être répondre nos neveux. Ce qu'il y a de certain toutefois dès aujourd'hui, c'est qu'il faut, au fur et à mesure que nous avançons dans notre cône, que les anciennes s'allongent ou qu'il y en ait de nouvelles.

Si nos historiens avaient fait leur devoir et compris ce que l'histoire doit être, au lieu de la pauvre petite lampe que j'offre ici, faute d'autre, pour éclairer notre lanterne magique, nous aurions aujourd'hui un phare lumineux éclairant au loin notre passé, ainsi qu'une partie de notre présent et de notre avenir. S'ils avaient fait comme l'astronome, le géologue, le chimiste, comme le botaniste, qui lui n'a pas assez de ses yeux pour admirer la moindre feuille de la création, ils eussent compris l'admirable trame des moyens dont l'Éternel s'est servi pour nous amener jusqu'ici, et, au lieu de pousser et de nous faire pousser de si gros soupirs sur les choses présentes et passées de ce monde, ils tomberaient et nous feraient avec eux tomber à genoux devant l'œuvre de Dieu et les décrets jusqu'alors si incompréhensibles de sa douce et sage providence.

S'ils avaient fait ce que depuis longtemps ils eussent dû faire, je serais où je devrais être, et ne serais pas ici, barbouillant du papier, grave comme un singe, occupé, comme je viens de m'en apercevoir, à la plus stupide des choses : « prouver à tous ce que chacun sait. » Car il n'y a pas à dire, chacun le sait ! car il n'est pas de si lourd citoyen de Pontoise, ou de si épais natif de la Cité, qui ne dise journellement en se rengorgeant : « Je suis le fils de mes œuvres, c'est par mon travail que je me suis fait ce que je suis. » Ils avaient donc, eux aussi, fait déjà cette superbe découverte, et l'on croirait pouvoir réussir à leur faire découvrir en outre : « que nous sommes *tous* les fils de nos œuvres, que c'est par notre travail que nous nous sommes tous faits ce que nous sommes ; la France ce qu'elle est, l'Angleterre dito. » Eh bien, pas du tout ; il n'est cependant pas un de ces étonnants poussas qui n'ait découvert en plus qu'il n'eût pas travaillé, s'il n'y eût été poussé par quelque chose, par ses besoins, par la société ou par sa propre raison ; pas un qui n'ait même découvert qu'il lui fallait dans son enfance, alors qu'il était plus léger, alors que la raison ne lui était pas encore venue, que la société ne s'occupait pas encore de lui et qu'il n'avait pas encore à s'occuper de ses besoins, qu'il lui fallait quelque chose, seulement quelque chose de plus énergique, de plus immédiat, de plus rapproché de son postérieur, par exemple, pour le forcer au travail.

Ces deux messieurs étaient donc comme moi, et sans doute avant moi (tous trois sans nous consulter, et tous trois probablement par trois méthodes différentes, non encore dénommées), arrivés aux trois belles découvertes qu'historiens et philosophes, malgré leur science, n'ont pas encore faites : 1° que c'est par le travail qu'on fait son chemin ; 2° que ce travail doit être forcé en nous par quelque chose ; 3° que ce quelque chose doit être plus fort dans notre enfance qu'après notre majorité. Là-dessus l'on croirait que MM. Poussa doivent pouvoir appliquer très-facilement leur découverte à tous et toutes de ce monde. Eh bien voilà ce qui nous trompe, c'est ce qu'ils ne savent pas faire, parce qu'ils ne savent pas penser. Et à qui le doivent-ils? A ces fainéants d'historiens, je le répète, industrieux comme tout à faire des tas, gros, petits ou moyens, mais paresseux aussi comme tout à faire toute autre chose. Je me suis assuré l'autre jour que c'était bien effectivement par là que péchaient nos gros messieurs, en arrêtant par le bras un autre monsieur, le premier qui m'est tombé sous la main, un monsieur que je ne connaissais que pour lui avoir été présenté, et lui disant : « Monsieur, croyez-vous que la société ait le droit de faire travailler ceux de ses membres qui ne travaillent pas de leur propre gré, les enfants pour leur éducation, les paresseux dès qu'ils vagabondent le moindrement? Croyez-vous qu'il y ait sagesse et nécessité à les forcer ainsi au travail ? — Très-assurément, me répondit-il en souriant. — Croyez-vous que la société ait aussi le droit de faire travailler les soixante millions de nègres en Afrique qui n'ont encore rien fait sur cette terre ? — Mais, Monsieur, partit-il alors, savez-vous bien que vous me posez là à brûle-pourpoint une question qui est tout bonnement une des plus grandes questions du jour, une question que nos plus fortes têtes...— Mais enfin, qu'en pensez-vous vous-même ? — Ah ! Monsieur, c'est une « grande, une très-grande question », comme refrain ; « une question qui, une question que», comme couplets plus ou moins longs.

Je ne pus jamais le faire sortir de là. Il était plus gros que moi, un Anglo-Saxon : il me fallut le lâcher. Cependant à un certain moment on se croyait bien sûr de son Anglais. On lui saute sur le dos, il se laisse faire, ne se défend pas ; on lui fait faire son petit tour, on le ramène jusqu'au perron doux comme un mouton ; on croit qu'on n'a plus qu'à descendre de dessus et l'envoyer à son pâturage, hup ! il vous part entre les jambes et vous emporte à tous les... saints.

Est-ce la couleur noire, est-ce le nombre de soixante millions qui lui a fait peur ? Qui sait ? Mais, je le demande, n'est-ce pas enrageant ? Et à qui la faute, si ce n'est à ces historiens, qui ne nous ont pas montré à tous, depuis un siècle, l'histoire en main, que tous les peuples avaient commencé par l'esclavage,—ça, ils l'ont peut-être fait, – mais qui ne nous ont pas démontré, par d'irrésistibles arguments, qu'il n'était pas pour eux d'autre commencement possible, et cela quelle que fût la couleur de leur peau ; qu'y eût-il trente-six races derrière nous, au lieu d'une, il faudrait que toutes les trente-six passassent sous les fourches caudines de l'esclavage, seule et unique porte par laquelle il faut nécessairement passer pour entrer sur la route du progrès.

Il y a toutefois ceci à dire en faveur des historiens : c'est que, s'ils n'ont rien ou à peu près rien fait de ce qu'ils auraient dû pour nous faire avancer, ils n'ont du moins pas contribué à nous retenir en arrière, comme les philosophes par des absurdités qui... Mais attention, n'allons rien dire qui puisse déplaire a ces messieurs-là, j'aurai peut-être besoin de leur suffrage ; mais en tout cas pas de celui des morts, et je ne parle pas ici des vivants, car je suis bien certain qu'ils doivent avoir dit de la marche humaine ce que j'en dis; seulement ça se sera perdu, éparpillé dans des romans, des chansons, des vaudevilles, des feuilletons, qu'emporte le vent aux quatre coins du globe. Déplaire, moi, au penseur moderne! mon ami, moi qui l'aime, lui qui pense, car il pense, lui! il pense quand ça lui vient, et ça lui vient partout : au lit et au bal, à pied et à cheval; un charmant homme, quoique un peu goguenard, avec son chapeau de travers, sa rose à la boutonnière, son stick irrésistible, ses jolis petits mots, clairs comme cristal, qu'il fourre partout, excepté dans des in-folio et excepté aussi là où il devrait les mettre, mais où il ne les met pas, n'étant pas encore lui-même à la place qu'il saura mériter et obtenir un jour. Il ne s'en fait pas accroire lui, parce qu'il pense. Eh! la belle affaire vraiment, en notre siècle, que de travailler de la tête qu'on a sur les épaules! autant vaudrait se vanter du travail des bras qui en pendent. Il ne fait pas, lui, comme l'ancien avec ses grands airs, ses grandes rides, ses grands mots, sa grande barbe, sa grande robe, qui s'enfermait dans une tour pour se faire venir des idées qui ne venaient pas, et qui vous suait dans de gros manuscrits, après trente ans d'efforts, une ou deux vérités perdues dans un océan d'absurdités, comme celle-ci, par exemple, que je relèverai parce qu'elle se trouve en travers de mon chemin. Un d'eux, je ne sais lequel, a dit, et il avait, ma foi, réussi à mettre son idée à la mode parmi les gens qui posent la compréhension de l'incompréhensible, « que nous n'étions et ne pouvions en ce monde être certains de rien, — rien comprendrait ce que MM. Poussa et moi avons découvert, et cela ne me va pas ; — que le témoignage de nos yeux nous trompe, et celui de notre intelligence encore plus que celui de nos yeux. » Vieux ténébreux, va! ça sonne bien, mais ça n'a pas le sens commun.

S'il en était ainsi, à quoi donc ces yeux et cette intelligence nous serviraient-ils? Cette intelligence qui dès sa naissance commence à nous valoir du libre arbitre, il nous la faut pour nous conduire. Il faut donc qu'elle soit capable de voir de l'homme interne ce qui le fait mouvoir pour savoir que faire et où aller, surtout alors qu'il aura toute sa liberté. Ces yeux, il nous les faut pour distinguer et nous aider à saisir les choses du monde externe qui sont nécessaires à nos besoins physiques et intellectuels. Dieu ne fait rien d'inutile, s'ils ne servent pas à nous conduire, voyons à quoi d'autre ils pourraient être bons. Je le veux bien, cherchons, mais nous ne trouverons pas. Tous les deux peuvent sans doute se tromper et se trompent chaque jour. S'ils ne le reconnaissent d'eux-mêmes, d'autres s'en apercevront. Au moyen de quoi? Au moyen de leurs yeux et de leur intelligence, qui serviraient dès lors à voir et bien voir.

Restons donc tous parfaitement convaincus, quoi qu'en dise le défunt, que ce que Dieu permet à l'humanité de voir de ses yeux du monde physique, de comprendre de son intelligence du monde moral, fait aussi assurément partie de la création que le morceau de deux sous fait partie de la galette que M. Coupe-toujours livre, moyennant considération, à ses nombreux consommateurs. Ce que le flâneur qui passe au milieu de la foule (comme mes gros amis et moi passons ici) voit de ce morceau de galette, ou ce que nous voyons de ce morceau de création, n'est pas à beaucoup près ce qu'en voit et en verra le consommateur, ou ce qu'en voit et en verra l'humanité; et tous deux sont bien loin de voir, l'un ce qu'en voit M. Coupe-toujours, l'autre ce qu'en voit le Créateur; mais le peu que nous, passants, pouvons saisir d'un coup d'œil, fait partie de la galette et de la création; notre intelligence ne nous trompe pas plus que ses yeux. Il en peut, nous en pouvons rester, il en reste, nous en restons parfaitement certains. Et il me semble que l'un est assez beau et l'autre assez appétissant pour que nul autre qu'un vieil hibou en puisse douter un seul instant.

Ah! nous ne sommes sûrs de rien! Eh bien, essayez d'établir que c'est par la paresse et en se croisant les bras et les jambes que l'on progresse moralement et physiquement, et vous verrez si après cette tentative vous ne resterez pas parfaitement convaincus de la vérité de la proposition inverse.

Mais étonnez-vous donc qu'avec de pareils bouquins de par le monde, bouquins encore vénérés par tant de gens, nos gros amis aient de la difficulté à appliquer leur savoir à autre chose que ce qui les touche personnellement, quand par de tels enseignements on veut les faire douter de ce même qu'ils n'ont acquis que par des années d'expérience, surtout quand à ce galimatias philosophique se joint l'éducation qu'on donne encore dans la plupart des colléges. Cette éducation, où l'on n'a guère jusqu'ici cultivé que la mémoire, comme si l'on était convaincu que la comparaison et le raisonnement sont deux facultés dangereuses, qui ne peuvent nous conduire qu'à mal; cette éducation, toute fausse qu'elle est, fausse autant que le serait la gymnastique que l'on ferait faire aux élèves du bras gauche seulement et le droit attaché au corps; cette éducation, je la comprenais quand nous étions gouvernés exclusivement par des hommes qui avaient tout intérêt à nous empêcher d'avancer, et quand avancer était synonyme de tomber dans la perdition. Mais aujourd'hui, depuis que ces hommes ont eu la main forcée, et qu'en plusieurs pays on n'en est plus là, surtout et prééminemment dans celui que gouverne Votre Majesté, on ne conçoit pas qu'à la culture des autres facultés on préfère celle de la mémoire, surtout de la mémoire appliquée aux choses du passé, comme si c'était de ce côté-là que nous allions.

Pour Dieu, que l'on fasse donc partout virer de bord à notre jeunesse, et qu'on lui mette la tête là où elle a l'arrière, et dans cette tête les facultés qui lui serviront le plus à faire son chemin, à aller là où elle doit aller, en avant.

Nos facultés ne sont pas déjà si brillantes pour qu'on en laisse aucune se rouiller.

Aussi, qui, pour peu qu'il s'occupe de ces choses, ne s'est vingt fois dit : « Que de sottises nous disons et faisons tous ! » et, pour peu qu'il soit sincère, ne s'est adjoint à tous ? Qui ne s'est vingt fois écrié : « Pourquoi, Dieu tout-puissant, nous as-tu faits si faibles d'esprit que nous ne puissions faire deux pas de suite sur la grande route du progrés sans aller rouler dans les fossés de l'erreur ? Pourquoi nous as-tu faits, tranchons le mot, si puissamment bêtes ? » Et toujours sans pouvoir trouver une solution satisfaisante ?

Quant à moi, je faisais comme les autres, je critiquais faute de comprendre. Mais depuis quelques jours je ne critique plus, depuis que j'ai découvert mon cône, car maintenant je comprends le pourquoi de la chose. C'est que ce n'est pas marcher en ligne droite sur la route du progrès, comme des Blondins sur la corde, qu'il nous faut, nous n'y parviendrions jamais; ça, ça regarde l'humanité, le troupeau entier et sa résultante. Ce que nous avons à faire, nous individuellement, c'est de travailler à notre domaine, à notre cône, dont nous exploitons aujourd'hui une section truffée de choses à faire représentées dans le dictionnaire par quelque 25,000 substantifs multipliés par environ 6,300 verbes. *Penser* ne compte que pour un verbe, *à notre marche* que pour un substantif. Notre créateur n'avait donc besoin dans son troupeau que d'un très-petit nombre d'hommes pour s'occuper de cette chose, utile, il est vrai, dont l'humanité ne saurait peut-être plus se passer, mais dont elle s'est passée pendant bien des siècles ; tandis qu'il lui fallait des millions d'hommes pour faire les millions de choses auxquelles donnent lieu les combinaisons de ces verbes avec ces substantifs. Dans ce meilleur des mondes, chaque espèce de choses a donc son homme pour la faire, et chaque homme l'espèce de choses dont il doit s'occuper. Il n'a pour cela qu'à consulter sa boussole, astiquer toutes ses facultés, fermer ses oreilles à l'indolence, et marcher droit ; les petits vers les petites choses, les grands vers les grandes choses, chacun suivant sa taille, chacun suivant sa force. Quand je dis tout droit, c'est une manière de parler ; car, si droit que puisse marcher son corps, son esprit, quelque absorbé qu'il soit par la chose à faire, ne saurait y procéder qu'en zigzaguant tout autant que le papillon affairé qui, dédaignant fleurs de droite, fleurs de gauche, s'en va à la hâte, à travers champs, où l'appelle quelque mystérieuse besogne.

Mais quand l'homme, ne consultant avant de se mettre en route ni boussole, ni taille, ni force, entreprend autre chose que ce qu'il doit faire, c'est alors que les zigzags redoublent, que les sottises dites, que les sottises faites, commencent à pleuvoir comme grêle et continuent *crescendo* en masse jusqu'à obéissance à Dieu, qui veut que la chose qu'indiquent à chacun ses aptitudes soit faite, et pas d'autre.

O vous donc, père de famille qui insistez pour que les Martin restent épiciers de père en fils, qui jetez votre malédiction à la tête de votre progéniture, vous avez tort et M. votre fils, ce jeune Parisien, a raison quand il persiste à suivre sa vocation d'artiste et à se livrer à une spécialité, pourvu bien entendu que ce ne soit pas de sa part une couleur à l'endroit du *paterfamilias*. Et vous, braves jeunes gens qui, moins précoces que le jeune Martin, n'avez pas encore découvert votre vocation, piquez hardiment une tête en plein travail, et vous ne tarderez pas à trouver ce qui convient à chacun de vous.

J'espère que vous en rapporterez quelque chose d'un peu mieux que ce que j'y ai trouvé, et que vous ne serez jamais condamnés à la sotte besogne qui m'est échue en partage, de prouver à des gens qui savent qu'ils ont le droit de faire travailler des paresseux blancs, qu'ils ont aussi celui de faire travailler des paresseux noirs. Tout ça à cause des historiens, des philosophes, des pédagogues, — je suis prêt à m'en prendre au ciel et à la terre! — tout ça parce qu'on n'a pas enseigné aux hommes l'histoire, l'histoire telle qu'elle devrait être écrite, l'histoire, de toutes les connaissances la plus indispensable pour qu'ils sachent comment se conduire en ce monde; parce qu'on leur a mis de fausses idées en tête; parce qu'on n'a pas cultivé en eux le raisonnement, qu'ils n'ont pas appris au mieux de leurs facultés respectives à penser, c'est-à-dire à appliquer les vérités implantées en l'homme par Dieu aux choses en général, ce qui eût inclu mes soixante millions d'Africains, et nous eût rendu à tous un fameux service. Sans doute qu'ils pensent, mais à quoi? Ils pensent à manger, à boire, à dormir dans un lit double, et, subsidiairement au lieu de principalement, comme cela devrait être et comme cela serait si l'éducation était plus rationnelle, à la chose que Dieu veut que chacun fasse.

Mais, par contre, ils s'occupent d'une infinité d'affaires que, leur vanité aidant, ils se croient bons à régler, tandis que de fait, et par suite de la négligence commise à l'endroit de leur raisonnement, ils sont incapables d'appliquer les principes les mieux reconnus aux choses les plus simples, et commettent des erreurs qui, entre autres agréments, me valent à moi aujourd'hui le plaisir d'avoir à retourner à mon intéressante tâche. A l'ennui qu'elle me cause, celle-là, il ne m'est pas permis d'avoir le moindre doute qu'elle m'était destinée; car l'homme est ainsi fait, c'est toujours autre chose que la chose de son devoir qu'il voudrait faire.

Aussi, si au lieu de seulement croire j'étais certain que cette lettre ennuie Votre Majesté, et que s'occuper de la question que nous pose l'esclavage lui est désagréable, vu ses nombreux travaux, par exemple, j'en serais ravi (qu'elle veuille bien me pardonner cet égoïsme patriotique), car je resterais dès lors certain que s'en occuper est une des choses que Dieu lui impose, et y répondre une des choses qu'elle fera : chacun sachant que du devoir à l'exécution il n'y a pas loin chez Votre Majesté.

Soutenu par cet étrange espoir, vite à l'œuvre! et veuillez, Sire, m'excuser si, pour me distraire de ce long ruban de route, j'ai dans les derniers temps pris par les terres labourées et sauté quelques haies et fossés qui n'avaient que faire ici. Je ne le ferai plus, me revoilà sur mon chemin. Psit! retournons à nos moutons, à nos hommes, veux-je dire, et répondons à l'objection suivante, qu'on pourrait nous faire.

Si Dieu nous mène, et si, pour avancer sur la route du progrès, nous devons travailler à notre domaine, comment se fait-il que Dieu ait permis à la race africaine de rester jusqu'ici sans rien faire?

Pour deux raisons bien évidentes et bien faciles à comprendre :

1° Parce qu'il fallait un ordre dans la marche de l'humanité;

2° Qu'il fallait que les deux races, blanche et noire, fissent connaissance.

Cet ordre était nécessaire, car pas plus dans le monde abstrait que dans le monde concret on ne saurait concevoir ou voir les unités d'un collectif autrement que dans un ordre quelconque. La preuve que nous ne marchons pas sur la route du progrès en ligne de bataille, par exemple, c'est qu'il eût fallu pour cela que Dieu eût créé tous les hommes d'égales forces physiques, intellectuelles et morales, et qu'il eût fait par là une exception à la loi universelle de variété qui existe pour toutes les choses de sa création.

La preuve qu'il ne l'a pas faite, c'est qu'il y a évidemment autant de différence intellectuelle entre un Napoléon et un porteur d'eau qu'entre un pin californien et un nénuphar, entre un Pierre le Grand et une bonne d'enfant, qu'entre un chêne et une marguerite.

C'est le fait incontestable que certaines nations sont plus avancées que d'autres sur la route du progrès, que nous les voyons échelonnées par bataillons, la France et l'Angleterre en tête, puis l'Allemagne et l'Italie (bientôt, si elle est sage), les États désunis et la Russie, puis les autres pays de l'Europe, et plus ou moins à la même hauteur que certains de ceux-ci, sur un rail différent, les peuples de l'Asie, et enfin la race noire, pour laquelle l'heure est arrivée de se lever et de suivre.

Pour faire prendre la tête de la colonne à ceux des peuples qui l'occupent, Dieu mit tout d'abord à distance d'eux les choses nécessaires à leur existence, et les obligea ainsi à travailler de leur corps; de ce travail naquirent les forces intellectuelles qu'ils possèdent aujourd'hui, développées à la longue par les moyens divers que nous avons indiqués.

Pour faire rester en arrière et attendre les peuples de l'Afrique, il leur mit au contraire à portée de la main toutes les choses nécessaires à leur corps : le dattier, l'arbre à pain, des fruits et des racines en abondance. N'ayant jamais eu à faire le premier pas pour se procurer ces choses, l'intelligence ne pouvait naître en eux. Ils ne pouvaient donc que rester et sont effectivement restés à la même place où Dieu les avait originairement mis.

Laissés à eux-mêmes, ils y resteraient aussi longtemps que l'Afrique restera elle-même ce qu'elle est, aussi longtemps que son sol les nourrira sans exiger d'efforts corporels de leur part.

Mais l'intention de Dieu s'est clairement manifestée, et elle n'est plus évidemment qu'ils restent là où il les avait fait attendre. Leur tour est arrivé d'entrer en marche, et pour cela il faut qu'ils se mettent à travailler comme les autres. Mais comme ils ne le feraient pas dans leur pays, où ils sont nourris *gratis*, Dieu a dû se servir de son second moyen et a commencé depuis environ deux siècles à les faire travailler de force par l'intermédiaire de la race blanche, avec cette différence toutefois que, le maître-professeur ne pouvant aller chez l'élève, vu le climat du pays, le fait venir chez lui et lui donne à domicile ses leçons de travail.

Dieu, en faisant travailler l'homme par l'homme, n'avait pas que le but que j'ai mentionné plus haut, d'activer les forces corporelles et intellectuelles de l'un par l'autre, mais encore celui de leur faire faire connaissance et de les faire travailler ensemble. Car, de même que les forces corporelles sans l'aide des forces intellectuelles n'eussent pas poussé l'homme bien loin sur la route du progrès, de même les forces isolées de chacun, peuple ou particulier, quelque fort de tête ou de corps qu'il soit, n'eussent pas suffi à l'humanité pour exploiter son domaine et lui permettre d'avancer jusqu'où il faut qu'elle aille. L'homme isolé est faible et impuissant, l'ensemble des hommes est seul à la hauteur de sa mission. Nous voyons donc Dieu, depuis les temps les plus reculés, conduire les choses de ce monde de manière à forcer les hommes à faire connaissance ensemble, afin qu'ils unissent leurs forces aux fins de cette exploitation. En effet, les climats et autres conditions de notre domaine sont tellement divers, les forces et aptitudes des hommes si différentes, que tel peuple qui peut travailler à la terre ici ne le saurait faire là; que tel autre qui possède les facultés intellectuelles nécessaires pour exceller dans les sciences mathématiques est pitoyable dans les beaux-arts, etc. Si donc Dieu a permis au nègre de ne rien faire depuis qu'il est sur terre, c'était non-seulement afin de laisser passer les deux autres races, mais c'était aussi afin que le blanc fît connaissance avec lui, le fît travailler, et qu'ils en vinssent un jour à travailler ensemble leur domaine commun, de sorte que nulle partie de ce domaine ne restât inexploitée. Nos historiens nous diront un jour en détail comment Dieu s'y est pris pour faire faire connaissance aux divers peuples de la race blanche et les forcer l'un par l'autre au travail en attendant qu'ils travaillassent ensemble. Je dirai plus loin comment il s'y est pris pour faire faire connaissance aux deux races; un avenir non éloigné nous dira comment il aura réussi, malgré l'ignorance et l'opposition des hommes, à faire travailler la noire par la blanche et à la mettre enfin en mouvement sur la route du progrès.

Toute mesure donc qui tend à rapprocher les peuples et à les faire se connaître est une mesure favorable au progrès, voulue par Dieu. Le libre-échange, une de ces mesures, n'est donc pas sage seulement au point de vue économique, mais encore au point de vue politique et humanitaire. Il est entre les peuples avancés ce que l'esclavage, malgré son vilain nom, est entre les peuples hommes et les peuples enfants, un moyen de faire connaissance, un moyen d'unir leurs forces corporelles, intellectuelles et morales, pour l'exploitation du domaine commun, un moyen de se devenir réciproquement utiles, et, l'affection naissant de l'utilité, un moyen de vivre en bonne intelligence, comme le font en général les voisins de campagne de nos pays civilisés, un moyen d'en arriver enfin un jour à échanger de sincères coups de chapeau, et même au besoin de sincères coups d'épaule, au lieu d'échanger comme aujourd'hui, et comme trop nécessairement encore aujourd'hui, de sincères coups de canon et de sincères coups de casse-tête.

Nous n'en sommes pas encore là, pour des raisons qu'il serait hors de place ici d'expliquer, mais nous y arriverons indubitablement, dans un temps sans doute plus ou moins long, mais cependant pas tellement éloigné que nous ne puissions l'entrevoir d'ici; car beaucoup d'entre nous en sont venus à comprendre que le premier devoir des hommes sur cette terre est le travail, de même que le premier de leurs intérêts est de s'entr'aider. Ce qui commence à se passer aujourd'hui entre les peuples les plus avancés nous donne la parfaite certitude que les peuples qui les suivent suivront leur exemple, et que nous arriverons tous un jour à échanger non-seulement nos produits, mais aussi nos idées, et à nous entre-prêter les diverses forces et aptitudes qui sont particulières à chaque homme, à chaque peuple, à chaque race, aux fins d'exploiter notre domaine comme il doit l'être. Les peuples aujourd'hui enfants, comme les autres, tous y arriveront, mais ce ne sera assurément que par la même route que nous avons eue à suivre, — il n'y en a pas deux, — celle du travail, du travail forcé, et forcé dans l'enfance par des moyens plus énergiques que dans l'âge mûr, moyens reconnus nécessaires par MM. Poussa eux-mêmes. Irons-nous jusqu'à la fraternité universelle et autres mamours rêvés par les rêveurs? Libre à chacun, suivant son plus ou moins d'imagination, de penser là-dessus ce que bon lui semblera. Quant à moi, je ne m'y oppose pas; mais ce à quoi je m'oppose, c'est à l'idée que nous puissions y arriver par toute autre route que celle du travail. Car, il faut une cause pour s'aimer; nous aimons ceux qui nous sont utiles ou agréables, mais nous ne pouvons pas nous prendre comme ça d'amour pour qui n'a rien fait pour allumer en nous cette divine flamme. Il ne suffit pas que les abolitionistes, cette branche pourrie de cette bonne et excellente famille des rêveurs, nous disent : « Adorez-vous », pour qu'on s'adore. C'est plus facile à dire qu'à faire, surtout quand « l'objet aimé » à aimer se trouve être un gros, gras, luisant nègre de la côte d'Afrique, que nous ne connaissons ni d'Ève ni d'Adam. Pour moi, je ne dis pas, je suis tout prêt à le presser dans mes bras, aussitôt qu'il sera un peu moins ventru, qu'il aura, par le travail, perdu un peu de sa graisse, et qu'il pourra de son côté me rendre des services en retour de ceux que je suis tout disposé à lui rendre du mien.

Ce à quoi je m'oppose aussi, et cela de la manière la plus formelle, c'est à la fraternité poussée au point de mettre des nègres dans le lit de nos filles, de peupler la terre exclusivement de mulâtres, comme le prêchent quelques-uns de ces enragés fous. A cela Dieu aussi s'oppose, et il ne permettra jamais qu'on change ses trois couleurs, qui sont nécessaires en ce monde, comme certaines autres de ma connaissance. Il a manifesté son opposition à la nuance préférée des abolitionistes, de deux manières : 1° en attachant à chaque race une odeur particulière, dont elle ne s'aperçoit pas elle-même, mais qui est désagréable aux autres, fait bien connu, et qui m'a été confirmé par des Chinois, qui m'ont dit pouvoir reconnaître de suite les gens de notre race à l'odeur seule ; 2° en attachant aussi à chaque race un mépris souverain pour les deux autres ; mépris fort peu philosophique, je l'admets, car nous n'avons pas plus de raisons pour mépriser un négre qu'un ours blanc n'en aurait pour mépriser un ours noir ou cannelle, où que l'avant-garde d'une armée pour mépriser l'arrière-garde, ou qu'un homme fait pour mépriser un enfant ; mépris néanmoins très-réel, qui est, a sa raison d'être et son utilité, surtout jointe à l'autre, qui nous souffle discrètement au nez ce que Dieu ne désire pas que nous fassions. Il a bien fait de nous le dire par deux fois, car on peut tenir pour certain que notre nez seul n'eût pas suffi à le comprendre et à l'empêcher, quand on voit journellement de prétendus gastronomes s'enfermer volontairement dans des salles à manger ornées de fleurs, —quelle dérision!—servir à leurs poumons un air que, s'ils pouvaient le voir, ils ne donneraient pas à respirer à des chiens galeux, et servir, de par Brillat-Savarin, à leur palais, malgré le nez qui est là en sentinelle pour en garder la porte, d'infectes chairs faisandées et de plus infects fromages. Non, pauvre nez! — tu n'eusses pas suffi; même joint au mépris tu n'as pas suffi pour empêcher une union réprouvée, comme en témoignent le grand nombre de jeunes gens pain-d'épice qui circulent de par le monde; jeunes gens, toutefois, qui ne seront que l'exception, et jamais la règle, tant que Dieu voudra que sa terre soit travaillée, et tant que son soleil sera ce qu'il est, un soleil qui, là où il darde fort, empêche tout autre qu'un noir du plus beau noir de travailler.

Il n'y a pas lieu de croire qu'aucun changement à cet égard arrive de sitôt, car nos astronomes n'ont encore remarqué, que je sache, aucune diminution de calorique dans son soleil; et quant à sa terre, ses intentions, loin de changer, se manifestent au contraire de plus en plus clairement à ceux qui veulent bien de temps en temps tourner leurs yeux vers lui.

Cette terre, il veut que nous la travaillions et la travaillions ensemble, et ce qu'il veut se fait assez généralement. Autant donc nous y mettre tous, blancs, jaunes et noirs, une bonne foi et de bon cœur. C'est là, suivant moi, jusqu'où nous irons, le reste est à la disposition des rêveurs. Nous y marchons par bataillons, le blanc en tête, le jaune au centre, le noir en queue; et avec le temps nous arriverons à ce point entrevu déjà d'ici : le travail de tous, de tous ensemble, moralement ensemble, chacun chez soi bien entendu, et dans une entente aussi cordiale que le comportent la nature humaine et sa progressive intelligence. Ceci est ma réponse à la troisième et à la quatrième question : « Dans quel ordre marcherons-nous ? » et « Jusqu'où irons-nous sur la ligne du progrès ? »

Cette ligne n'existant que dans le monde abstrait, et notre intelligence ne nous permettant pas de voir très-clair dans ce monde-là, nous n'en saurions mesurer la longueur. Dieu seul le peut. Mais le temps que nous mettrons à la parcourir a été évalué par M. Julien, de la marine impériale, à 10,500 ans. Sa théorie est fondée sur des calculs dont je suis incompétent à vérifier l'exactitude, et sur les faits suivants, connus de tout le monde : la forme, s'appointissant au sud, des Grandes-Indes et des continents de l'Afrique et de l'Amérique, ainsi que la direction, vers le sud aussi, des glaces qui se détachent du pôle nord. Si nous datons de 5861 après le déluge, nous en serions à un peu plus de la moitié de la civilisation que nous devons atteindre, et n'aurions plus que 4639 ans pour en arriver aux tendresses prédites. Nous ferons donc bien de nous y mettre de suite, car nous n'avons en vérité plus de temps à perdre si nous voulons être noyés pour cause d'excès de bonté, comme nous le fûmes jadis pour cause contraire.

Ces calculs peuvent être très justes en théorie; je ne crois cependant pas que Dieu nous donne jamais les moyens de savoir le moment exact, s'il doit arriver, où il nous faudra reconstruire une seconde arche de Noé.

Trève de plaisanterie, et voyons un peu comment blanc et noir ont fait connaissance, eux que Dieu avait jadis placés à distance et laissés sans moyens de se rencontrer.

Ce ne fut que vers la fin du quinzième siècle de notre ère que les peuples de la race blanche, par suite de l'activité croissante de leur intelligence, commencèrent à trouver le continent de l'Europe trop étroit pour eux, et pensèrent à traverser les mers afin d'en chercher un autre. En 1492, un homme de cette race, plus hardi ou plus tourmenté, découvrit l'Amérique. Tous s'y précipitèrent aussitôt et de toutes parts, et s'en arrachèrent à l'envi les morceaux, ce qui donna lieu à des contestations, puis à de longues guerres, au bout desquelles les Anglo-Saxons restèrent maîtres du nord et les Espagnols du sud de cet immense territoire.

Ils l'avaient trouvé habité par la race rouge, race distincte, suivant quelques savants, suivant d'autres une branche simplement de la jaune, chassée jadis d'Asie par des révolutions; opinion que semblerait confirmer la fureur subite dont furent saisis les Indiens de la côte du Pacifique à la vue des premiers Chinois qui allèrent s'y établir il y a quelques années. Les Espagnols colonisèrent leur part du continent au moyen des indigènes, qu'ils réduisirent au travail à force de douceur et de sagesse. Les Anglo-Saxons, moins patients ou plus orgueilleux, les refoulèrent au loin dans l'intérieur à coups de fusil, afin de faire place à la population qui arrivait de tous côtés dans le Nouveau-Monde. Ces deux politiques si diamétralement opposées, et sur lesquelles je n'ai pas ici à émettre d'opinion, donnèrent, donnent et donneront des fruits bien différents, ainsi que d'utiles leçons de colonisation aux divers gouvernements d'Europe.

La hache en main et la carabine au pied de l'arbre, les Anglo-Saxons eurent bientôt défriché et mis en exploitation tout le nord et le centre de leur vaste pays. Mais, n'en pouvant faire autant pour la partie sud, vu l'extrême chaleur qui y règne et ne permet pas à l'homme blanc de s'y servir de ses forces corporelles, ils durent se mettre à la recherche de gens capables de faire pour eux ce qu'ils ne pouvaient faire eux-mêmes. Poussés par ce besoin nouveau pour la race blanche, ils retraversèrent les mers, allèrent en Afrique, et furent ainsi amenés à faire connaissance avec la race noire. Ils la trouvèrent dans son extrême enfance, et, comme tous les peuples enfants, se livrant de perpétuels combats, les vainqueurs massacrant ou retenant en esclavage les vaincus, et tout disposés, vu qu'ils n'en faisaient rien, le pays nourrissant sa population sans travail, à les leur céder en échange de quelques verroteries. Ces gens, habitués au climat brûlant de leur pays, purent, avec impunité pour leur santé, faire au Sud ce que n'avait pu faire la race blanche, et pour la première fois de leur vie devinrent ainsi utiles à eux-mêmes et aux autres.

Nous voyons donc ici le même vieux moyen du travail forcé de l'homme par l'homme se représenter, entraînant avec lui ses conséquences ordinaires de civilisation, et donnant cette fois, comme magnifique résultat, la naissance d'un Etat nouveau, qui, d'abord colonie anglaise, prit bientôt après glorieusement place dans la famille des nations civilisées sous le nom d'États-Unis d'Amérique, nom qui depuis quelques mois s'est changé familièrement en celui d'États désunis.

Une des causes principales de la désunion de ces États provient de la doctrine, prêchée par une certaine classe de gens au Nord, que la race blanche n'a pas le droit de faire travailler la race noire, et que ce travail connu sous le nom d'esclavage, est un crime aux yeux de Dieu. Ces gens, aujourd'hui comparativement nombreux, qui veulent l'abolition de ce genre de travail, et que pour cette raison on appelle abolitionistes, proviennent principalement d'un petit noyau de puritains qui, sous le nom de pères-pèlerins, quittèrent au commencement du XVIIme siècle l'Angleterre, leur mère-patrie, pour se libérer d'un joug qu'il ne leur convenait plus de supporter.

L'Angleterre, en effet, avait été conquise quelques siècles auparavant par une province voisine d'outre mer, la Normandie, et avait eu la majeure partie de son territoire partagée entre les principaux chefs de l'armée conquérante. Ces chefs, leurs fils aînés ou ayant-cause, favorisés sans doute par de rares circonstances, mais avec un talent, toutefois, qu'on n'appréciera à sa juste valeur que lorsqu'on écrira leur histoire, étaient alors et jusqu'ici sont parvenus, non-seulement à rester dans le pays après l'expulsion de leurs compatriotes, mais à y rester avec toutes les terres et une grande partie des droits et priviléges que leur avait valus la conquête. Ils avaient obtenu ce résultat, unique dans les fastes humains, en comprenant tout d'abord, avec l'intelligence particulière à leur race, — rusé et Normand sont synonymes, — qu'étant les moins nombreux, l'adresse les servirait mieux que la force. Ils se placèrent donc de suite comme intermédiaires entre le peuple vaincu et le roi vainqueur, et ne tardèrent pas, et jusqu'à présent ont continué, à faire croire aux deux qu'ils leur étaient respectivement indispensables. C'est donc à eux, et aussi à la nécessité de leur position, que l'on doit la découverte de cette fameuse pièce de la machine gouvernementale anglaise, ce balancier allant du peuple au roi et du roi au peuple, si vainement cherché par les anciens; superbe découverte, qui valait et n'a jusqu'à ce jour cessé de leur valoir une superbe récompense; récompense qu'ils ont du reste bien gagnée, car ce ne fut qu'à force de soins incessants qu'ils parvinrent à se concilier ces braves Anglo-Saxons, que la fortune avait trahis sur le champ de bataille, mais qui n'en étaient pas moins restés un fort et rude peuple, contre lequel tout autre moyen que la ruse normande eût échoué. Ils réussirent donc non-seulement à se faire bien venir des masses, mais à rendre celles-ci parfaitement contentes de leur sort et d'elles-mêmes; si bien même qu'avant la révolution de 89 l'Anglais (ce que j'en dis ici servira, entre autres choses, à nous montrer combien le monde progresse, quoi qu'on fasse pour l'en empêcher), l'Anglais de cette époque, regardant son vert pays si admirablement cultivé, ses gros bestiaux, leurs petites cornes et ses propres gros mollets, et les comparant, à travers les brouillards de la Manche et de ses préjugés habilement entretenus, aux terres incultes, aux maigres échines, aux longues cornes et aux minces tibias du voisin, qui était encore ce qu'il y avait de mieux après lui, en était arrivé à la conclusion qu'il était un homme d'une nature supérieure au reste de l'humanité.

Mais parmi ces excellents Saxons il s'en trouvait toutefois quelques-uns qui, tout en restant en de très-bons termes avec eux-mêmes, n'envisageaient pas la chose publique sous le même point de vue que leurs compatriotes, des gens, comme on dit familièrement, à long nez. De ce long nez je parlerai au long, à cause du rôle important, celui de coin, que lui fit jouer plus tard la Providence pour fendre en deux l'Union américaine. Ce nez, ils se le tenaient de l'index, se le frottaient, et ainsi faisant se l'appointissaient et se disaient : « Voyons, voyons donc! on nous assure que nous sommes les gens les plus libres de la terre, et certes, grands dieux! on nous le répète assez pour nous le faire croire; mais voyons ça par nous-même; posons-nous un peu une question : Étions-nous libres l'année de la conquête? Non. Pourquoi? Parce que nos vainqueurs nous avaient pris terres, places, droits, etc., et quand chez soi on n'a nulle de ces choses on n'est pas libre. Eh bien! faisons un inventaire de ce qu'ils avaient cette année-là, faisons-en un autre de ce qu'ils ont aujourd'hui, comparons les deux, et nous saurons par là au juste ce que nous avons de liberté. » Le résultat de cette fatale curiosité fut qu'ils quittèrent le pays, et tout ça pour n'être pas restés tranquilles comme les autres et pour avoir voulu fourrer leurs nez, devenus pointus, là où ils n'avaient que faire.

Ils s'embarquèrent donc, une centaine d'entre les plus mécontents, à bord d'un petit bâtiment, nommé le *May-Flower,* lequel, comme l'a dit un de nos hommes d'État, avec plus d'esprit que de justice, fit malheureusement un heureux voyage, et débarqua sa précieuse cargaison au rocher de Plymouth le 11 décembre, A. D. 1620, anniversaire dûment célébré jusqu'à ce jour parmi les fidèles. Avec plus d'esprit que de justice, dis-je, car on ne saurait nier que ces gens infatigables, doués d'une énergie et d'une persévérance rares, ont puissamment contribué, par la haine qu'ils inspirèrent aux masses contre les tories d'Angleterre, à la séparation des colonies, ainsi qu'au progrès matériel des États-Unis, puis enfin dernièrement à la dissolution d'une union devenue odieuse au Sud entier. Ces bons services, ils les ont rendus, deux d'entre eux sciemment, l'autre peut-être involontairement, mais ils n'en méritent pas moins pour tous trois toute notre gratitude. A ce long nez qu'ils ont du Nord introduit au Sud dans nos conseils, nous érigerons un jour une statue; à cette vanité qui ne leur permet pas un instant de douter de rien; à cette vanité importée de la mère-patrie et qui s'est quadruplée par le succès dont leurs efforts ont été couronnés; à cette vanité qui les place dans leur estime au-dessus de tous, même de leurs ancêtres, ces pauvres Anglais assez simples pour ne pouvoir se passer de leur aristocratie; à cette vanité dont rien n'approche, nous devons des actions de grâce, et non des injures.

Un jour que je causais esclavage avec l'un d'eux, je lui dis : « Enfin, soit, c'est un crime réprouvé par Dieu; mais laissez-nous en supporter les conséquences au jugement dernier. » Un faible sourire, dont je connaissais la signification de longue date, et qui voulait dire : « Pauvres gens! qui ne savez pas que c'est à nous que Dieu demandera compte de notre faiblesse à vous permettre d'en agir ainsi », fut toute sa réponse. — Oui, repris-je, je devine votre pensée. Votre mission céleste, je le sais, est de réformer le genre humain et de nous faire tous à votre image; mais enfin quand nous serons tous comme vous, nous ferons comme vous et croirons de notre devoir de nous mêler de tout et de tous, par conséquent de vous aussi; cela ne vous sera-t-il pas désagréable? — Pourquoi donc, fit-il, quand la vie d'un homme est pure et sans tache? — Sans tache, vous? Regardez donc, je vous prie, de mon côté. C'est sans doute de la blanche cravate autour de votre cou que vous voulez parler; mais de vous! Tiens! pourquoi cet éclair de feu dans ces yeux bleus, cet éclair de sang dans ces pâles joues? Vous le voyez, c'est désagréable, comme je vous le disais. Ne vous mêlez donc plus, au nom de l'Évangile, sinon au nom de notre intérêt à tous, de ce qui peut déplaire aux autres. » Que de fois ne leur a-t-on pas parlé dans le même sens, mais en vain! Ils sont incorrigibles. Et qu'on ne croie pas que ce soit par amour pour la race noire qu'ils en agissent ainsi; cet amour n'est qu'à l'état de théorie dans leurs prédications. Ils n'aiment rien, et ne se piquent pas, du reste, d'être plus aimants qu'aimables ou aimés. Ce qu'ils en font, c'est par suite d'un amour-propre qui frise, s'il n'atteint pas, la folie, et sous l'influence peut-être aussi d'un autre mobile qu'on dira plus loin.

Supposons que ces gens aient raison, et que Dieu leur permette un instant de prendre ses guides, et voyons où ils nous mèneraient.

« Admettons : nos pères ont eu tort de s'emparer d'un pays qu'ils ne pouvaient cultiver eux-mêmes; nous le reconnaissons et vous remercions d'avoir ouvert les yeux du monde civilisé et les nôtres, enfin, sur l'énormité de notre crime. L'homme ne doit vivre que là où son corps peut travailler. Ce pays, nous le quitterons, nous abandonnerons à eux-mêmes ces quatre millions de nègres, qui valent aujourd'hui au moins trois milliards de piastres, presque autant que la dette d'Angleterre; ces terres qui en valent bien davantage, ces chemins de fer, ces constructions de toute espèce. Nous croyions avoir le droit de faire travailler ces nègres et de les conduire ainsi à la civilisation; nous croyions ne faire en cela que ce que les Anglais font dans les Indes, ce que les

Russes ont fait des peuplades diverses de leur empire, qu'ils ont déshabituées du vagabondage; ce que les Espagnols ont fait, et admirablement fait, d'une partie de la race rouge; ce que tous les peuples, enfin, de l'Europe et de l'Asie ont, à travers les siècles, fait l'un et l'autre. En bonne justice, il faudrait renvoyer chacun chez soi. On y parviendrait peut être en étudiant l'histoire; cela nous reconduirait assurément au soi-disant âge d'or des premiers temps. Mais ne nous occupons que de nous-mêmes. Nous avons commis là une abominable faute et sommes prêts à tous les sacrifices pour la réparer. Quittons tout, partons.—Mais pourquoi partir? Affranchissez vos esclaves et vivez avec eux.—Mon Dieu! vous prêchez-là des convertis. Nous ne demanderions pas mieux que de les affranchir, si un salaire était suffisant pour les induire à travailler. Notre intérêt personnel nous le conseille depuis longtemps; un simple calcul vous le prouvera. L'intérêt à 8 0/0, taux ordinaire du pays, du prix d'achat de bons ouvriers, valant aujourd'hui au moins 1,500 dollars pièce, leur entretien en bonne santé et en maladie, l'assurance sur leur vie, leur non-rapport durant leur vieillesse, le coût d'un économe à 2 ou 3,000 dollars par an pour leur surveillance, tout cela fait qu'ils nous reviennent à 30 dollars par mois; tandis que de meilleurs ouvriers, travaillant sans avoir besoin d'être surveillés et faisant par conséquent moitié plus de besogne, ne coûtent en Angleterre, par exemple, qu'environ 10 dollars par mois. Nous payons donc nos gens au moins quatre fois plus qu'en Europe. La différence dans le prix de revient du travail nous engagerait donc à faire le sacrifice des trois milliards de piastres de capital qu'ils représentent, et nous les eussions depuis longtemps volontiers libérés, si l'oisiveté de ceux qui ont été émancipés trop tôt chez nous, si l'exemple des colonies anglaises et françaises, de Saint-Domingue et de l'Afrique entière, ne nous donnaient la certitude qu'ils ne travailleraient pas ou qu'ils ne travailleraient que le moins possible. Un travail irrégulier ne suffirait pas à nos habitations.

Le cotonnier a besoin de soins constants durant sa croissance ; à l'époque de la maturité de son fruit, il en requiert encore davantage, car le cocon, laissé exposé aux dangers de la pluie, de la chenille ou du vent, qui le menacent en automne, peut être perdu du matin au soir ; car chez nous, dans la partie extrême sud, où la culture de la canne à sucre est possible, les froids ne nous accordent qu'un mois tout au plus pour la récolte, durant laquelle un travail constant, par quarts, nuit et jour, est de rigueur. Les conditions dans lesquelles se trouve notre pays ne nous permettent donc que le travail de l'esclave ou le travail de l'ouvrier suffisamment intelligent pour que son salaire le rende assidu. Ce dernier n'a été obtenu qu'après bien des siècles, et seulement dans les pays les plus civilisés de l'Europe ; les gens de couleur, que nous n'avons en main que depuis environ cent cinquante ans, n'en sont pas encore là, malheureusement. Comparés à eux, les lazzaroni de Naples sont de véritables machines à vapeur. Vous le voyez donc, nos champs ne pouvant être cultivés que par la race noire, nous ne pouvons pas la laisser travailler ou ne pas travailler, suivant son bon plaisir.

Si pourtant vous le désirez, nous pouvons renvoyer ces gens en Afrique, mais non toutefois de la manière cruelle dont ils en sont partis; nous ne le voudrions pas, et eux-mêmes, aujourd'hui infiniment plus intelligents et habitués à leurs aises, n'y consentiraient pas. Nous affréterons des bâtiments à voiles, mettrons une centaine de passagers dans chacun, au prix de cent piastres par tête. Nous n'en avons que quatre millions, cela n'exigera que quarante mille navires et ne nous reviendra qu'à quatre cent millions de piastres. Si vous l'aimez mieux, on pourrait les laisser dans le pays; mais quant à nous nous en partirons, car à quoi servirait au fermier de rester sur sa ferme sans instruments de labour?

Ceux d'entre nous qui auront encore quelque argent de reste retourneront en Europe; les autres regagneront comme ils pourront les États du centre et s'y mettront au travail comme avaient fait leurs pères avant eux.

Une fois la race blanche partie, qu'arriverait-il? Un assez grand nombre, parmi les plus avancés de ces nègres, s'adonneraient sans doute à l'agriculture, mais la masse retournerait aussi sûrement à cette terrible oisiveté dont leur race est imprégnée depuis des siècles, que des gamins d'école retourneraient à leurs jeux si le maître s'absentait de la classe laissant la porte ouverte. Ne travaillant plus et la terre ne les nourrissant pas comme celle d'Afrique, ils mourraient de faim ou se dirigeraient par le Mexique à la recherche vaine d'un autre bon pays comme la mère-patrie ; ou encore et bien plutôt iraient rejoindre leurs anciens maîtres dans les États du Centre. Après la mort ou le départ de la masse, le petit nombre ne faisant de jardinage que de quoi se nourrir, les Indiens, au cas où Messieurs les Yankees voudraient bien le leur permettre, ce qu'on ne saurait supposer qu'en taxant bien lourdement sa crédulité, les Indiens reprendraient possession des terrains de chasse dont ils avaient jadis été si cruellement expulsés, et justice enfin serait faite.

Mais qu'arriverait-il encore? Les quatre millions de balles de coton qu'entre autres produits la seule vallée du Mississipi fournit au monde civilisé venant à manquer, les quatre millions d'ouvriers anglais, les quatre ou cinq millions d'ouvriers américains, français, allemands, espagnols, suisses et autres, qui, directement ou indirectement, gagnent leur vie par la fabrication du coton, privés soudainement de leur gagne-pain, s'en prendraient à leurs gouvernants, et certains de ceux-ci, surtout en Angleterre, tomberaient immanquablement sous le choc d'une pareille convulsion.

Le départ volontaire, ou toute autre cause qui amènerait la chute de notre population blanche au Sud, et livrerait à elle-même notre population de couleur, entraînerait avec elle et ferait tomber comme des capucins de cartes quelques-uns des moins solides des susdits, et comme des châteaux de cartes aussi, et sans le moindre doute, tous ces vieux châteaux féodaux de la Grande-Bretagne ; et ce serait dommage, car, entre autres raisons, ils sont fort beaux. C'est pour le coup que Dieu retirerait vite ses guides d'entre les mains de Messieurs les abolitionistes, et ne manquerait pas de chanter avec Béranger :

Si je conçois comment on s'y comporte,
Je veux, mes enfants, que le diable m'emporte !

et, la chanson finie, de nous dire :

« Je ne vous ai pas fait faire la connaissance de la race noire pour qu'elle en reste là. Faites-la travailler, je vous l'ai confiée; enseignez-lui ce que vous savez et rendez-la apte à marcher avec vous vers la civilisation, où il faut qu'arrive l'humanité entière. »

Ces paroles, notre imagination et notre raison nous les ont fait entendre à tous. Tous nous sommes convaincus que la race noire, tout autant que la blanche, doit travailler, et que, lorsque Dieu impose un devoir à un homme, à un peuple, à une race, il place toujours à côté un autre homme, un autre peuple, une autre race, avec le droit et le pouvoir de faire remplir ce devoir à qui le négligerait.

Que la race blanche a droit au travail de la race noire, est démontrable jusqu'à l'évidence. Pour le faire comprendre à tous, à Messieurs Poussa eux-mêmes, et prouver ma dernière proposition : « que la blanche, qui travaille, a le droit de faire travailler la noire », prenons un exemple facile.

Supposons une de ces vastes concessions de terre inaliénables, comme on en voit encore en certains pays et sous de certaines législations, qui se transmettent en ligne directe du concessionnaire à ses descendants mâles, et supposons-la entre les mains de quatre frères, Jean, Jacques, Pierre et Paul. Cessant de vivre en bonne intelligence après la mort de leur père, ils quittent la maison commune.

Jean et Jacques, avec leurs familles et serviteurs, vont au Nord et à l'Ouest, Pierre et Paul à l'Est et au Sud. Jean et Jacques travaillent leurs terres respectives, entre-échangeant d'assez bonne amitié le surplus de certaines denrées qui se perdrait autrement et dont ils ont mutuellement besoin.

Quant à Pierre, il travaille de son côté, mais ne veut rien avoir à faire avec les autres. Là-dessus Jean et Jacques se fâchent et lui envoient Grand-Elgin et Gros-Montauban, accompagnés de quelques forts gaillards. En un rien de temps ils défoncent la porte de Pierre, qui leur dit : « Que venez-vous faire chez moi? — Prendre ce dont tu as de trop en échange de ce dont nous ne savons que faire. — Vous n'en avez pas le droit. — Pardon, répond Grand-Elgin, la concession appartient aux quatre frères. La part que tu travailles rapporte plus de thé que tu n'en consommes toi et les tiens, les deux nôtres produisent plus de charbon que nous n'en pouvons brûler, plus de vin que nous n'en pouvons boire; échangeons mutuellement nos excédants respectifs, et n'oublie pas que ce qui pousse chez toi et ce qui pousse chez nous nous appartient à tous, et que nous n'avons, chez nous, chacun que le droit de nous servir en premier. — Il a raison, dit Gros-Montauban. C'est qu'il est très-fort, ce Grand-Elgin, sur toutes ces questions d'échange, tel que tu le vois là, Pierre! Et ce n'est pas seulement nos denrées qu'il faudrait échanger, mais aussi nos idées; car tu en as de bonnes, nous le savons. Tu as eu chez toi des malins comme ton Khoung.... quelque chose, dont nous avons fait Confucius, qui en savait plus long sur « l'homme » que tous nos savants ensemble. Eux, par contre, nous ont enseigné les moyens de te faire entendre raison; ça n'a pas été long n'est-ce pas? C'est donc bon à savoir, et quand tu auras le bon droit de ton côté, ce qui n'est pas le cas ici, tu pour ras t'en servir. Il faut être amis dans ce monde, il faut se fréquenter, échanger ses manières de voir et ne pas vivre chacun de son côté. C'est bon pour des ours, mais pas pour des hommes. Là-dessus, bonsoir. Réfléchis sur tout ça, et quand ça te prendra, nous serons toujours enchantés de te recevoir, toi et les tiens. En attendant, bien entendu, envoie-nous toujours ton surplus de thé, comme dit le grand là-bas. »

Quant à Paul et aux siens, c'est bien une autre affaire. Ils occupent peut-être la meilleure partie de la concession ; tout y pousse sans culture, des fruits et des racines de toutes espèces leur permettent de ne rien faire. Aussi n'ont-ils pas encore donné le premier coup de pioche. Mais, par contre, les coups entre eux pleuvent comme grêle ; ils ne font littéralement que se battre et dormir, dormir et se battre. « Ça ne peut pas durer comme ça, s'entre-dirent un beau jour Jean et Jacques. Ils ont chez eux un tas d'excellentes choses qui se perdent faute d'un peu de travail. Mais comment le leur faire comprendre? Inutile de leur parler raison. Le seul moyen c'est de prendre chez nous les battus ; ils ne demanderont pas mieux. Nous avons justement quelques excellentes vallées où il fait trop chaud pour nos hommes, menons-les-y. » Excellente idée! Ce qui fut dit fut fait. On commença par une vallée, on finira par les autres ; et, comme les battus ne manqueront pas de sitôt, on leur fera perdre à tous peu à peu leurs habitudes de paresse, et on pourra plus tard renvoyer chez eux ceux qui le désireront, ne gardant que ceux qui préféreront rester.

On s'en trouva bien ; on s'en trouvera encore mieux quand tous les Paul y auront passé, et que la famille réformée voudra bien travailler comme tout le monde, de son propre gré.

Pierre et Paul, n'allez pas croire que Jean et Jacques en agissent ainsi parce qu'ils sont les plus forts ou parce qu'ils ne vous connaissent guère, tout frères que vous soyez. Ils vous prouveront le contraire un jour, en traitant de la même manière un des leurs qui occupe une des subdivisions de leurs terres et qui est malade d'une de ces maladies morales auxquelles nous sommes tous sujets. Avant peu ils auront à lui dire, s'il ne recouvre la santé : « Mon bonhomme, vous vous êtes éreinté avec vos femmes et vos pipes et n'en pouvez plus. Depuis longtemps vous ne faites plus rien du tout ; dès qu'on entre chez vous on n'est plus en sûreté ; votre excellent port, dont nous avons de temps en temps besoin, votre rivière, votre route, sur lesquelles nous avons à passer, tout ça est abominablement négligé. Vous avez la fièvre, mon vieux, allez vous coucher, allez. » S'ils ne le lui ont pas encore dit, ce n'est pas qu'ils aient le moindre doute sur leur droit de le lui dire, mais c'est tout bonnement qu'ils ne s'entendent pas encore sur la manière de se partager entre eux les terres du malade, et que quelques-uns espèrent encore qu'il se rétablira.

Tenez, vous allez justement le voir : voilà un de leurs hommes qui vient de tomber malade et à qui ils vont aller dire deux mots, comme à Pierre.

Ces quatre frères ont absolument les mêmes droits à cet égard que les nations de la terre, et les nations de la terre les mêmes droits que les quatre frères. La concession est un bien commun, et chaque frère n'a que la possession de la portion qu'il occupe, de même que le globe terrestre est un bien commun donné à l'humanité par Dieu, et que chaque peuple n'a que la possession du pays qu'il habite. Or donc, si quelqu'un, frère ou peuple, ne travaille pas, que ce soit par paresse ou par maladie, les autres ont, comme copropriétaires, le droit dans le premier cas de l'y forcer, dans le second de le renvoyer du pays qu'il néglige pour qu'il aille se refaire la santé dans un autre où il gênera moins. C'est non-seulement leur droit de copropriétaires, mais c'est de plus leur devoir envers Dieu : car Dieu veut que la terre entière soit travaillée par l'humanité entière, par l'humanité combinant dans ce but ses forces corporelles, intellectuelles et morales. C'est ce que l'on commence à comprendre dans ce monde pour l'Europe, c'est ce que l'on comprendra avant peu pour l'Afrique, qui se comporte comme frère Paul, de même qu'on a bien su le comprendre pour la Chine, qui cependant n'avait fait que ce qu'avait fait frère Pierre, refusé simplement d'échanger les produits de son sol et de son industrie contre les nôtres. La race blanche, comme copropriétaire, a donc le droit de forcer la race noire au travail.

De plus, l'exercice de ce droit n'est qu'un devoir d'obéissance envers Dieu, qui l'a chargée de la mission d'obliger la race noire à remplir son devoir de travail.

C'est encore pour elle un devoir, comme tête de colonne, d'entraîner à sa suite sur la route de la civilisation le centre et l'arrière-garde de l'humanité. C'est aussi un devoir que lui imposent sa force et son intelligence, que d'aider le faible, aux fins de lui faire remplir d'abord et plus tard comprendre ses devoirs sur la terre.

C'est le devoir de la race noire de se soumettre à ce travail forcé, parce qu'on ne marche à la civilisation que par le travail et qu'elle ne travaillerait pas sans y être forcée.

C'est son droit de requérir l'assistance de plus intelligent qu'elle pour l'obliger à faire ce que dans son impuissance et sa faiblesse elle ne ferait pas.

L'oisiveté étant la mère non-seulement de tous les vices, mais aussi de la plupart des souffrances corporelles, intellectuelles et morales de l'homme, le travail qui, même de force, fait cesser ces souffrances, est un bien.

De ce qui précède, il faut conclure que l'esclavage

n'est ni plus ni moins qu'une école élémentaire de travail pour la race noire, école dont la branche principale se trouve aujourd'hui confiée par Dieu à la population blanche qui occupe les États du Sud.

Si j'ai rempli ma promesse, comme je crois l'avoir à peu près fait, montré comment l'esclavage se trouve parmi nous, ce qu'il est en réalité, et prouvé qu'il est une nécessité, un droit et un devoir pour les deux races, « Restez » serait bien la réponse à lui faire, d'autant plus que « Partez » entraînerait avec elle tous les malheurs mentionnés plus haut.

Admettons tout cela, pourrait dire Votre Majesté; mais ce droit que nous avons ne pourrait-il pas être exercé moins cruellement, car on dit...

Oui, sans doute, Sire, on dit, et on a raison de dire que le nègre a été traité cruellement; mais par qui, et à qui la faute?

Je me fais fort de donner à Votre Majesté des raisons suffisantes pour la convaincre, quoiqu'elle n'ait jamais vécu dans un pays à esclaves, que ces cruautés ne doivent pas être imputées à nos gens du Sud, mais à d'autres.

Plus des quatre cinquièmes de nos nègres appartiennent à nos planteurs. Qui sont nos planteurs?

La population qui se rua sur les Amériques, et particulièrement sur les colonies anglaises, ne faisait pas précisément partie, comme on le sait, de la crème de l'Europe, mais de ses basses classes, et même de cette malheureuse portion de la société qui ne réussit jamais à vivre en de bons termes avec la police. Mais dans le grand nombre se trouvaient des personnes d'une tout autre espèce, des personnes appartenant à de bonnes ou de respectables familles, qui avaient quitté leur pays soit pour cause de persécutions religieuses, chagrins domestiques, pertes de position ou de fortune, ou pour tout autre de ces nombreux motifs qui, aux siècles précédents, remplissaient les couvents. Des émigrés de Saint-Domingue vinrent plus tard en augmenter le nombre, de même que plus tard, avec la prospérité croissante de l'Union américaine, des gens appartenant aux classes pauvres, moyennes ou aisées de la société européenne, vinrent en peupler les villes et la campagne.

Des premiers émigrants, il était aussi naturel à ceux de la basse classe d'aller dans les villes du Nord, qui seules existaient encore, vivre de leurs métiers divers ou de leur peu avouable industrie, qu'il était naturel aux personnes bien élevées de fuir la mauvaise compagnie qu'ils y auraient rencontrée, et de se retirer dans la solitude des campagnes, afin d'y pouvoir en paix confier à la terre, cette bonne et discrète mère, et les sueurs de leurs corps et les larmes de leurs yeux. Plusieurs s'établirent au Nord, mais le plus grand nombre d'abord dans la Virginie et le Maryland, et plus tard dans la Caroline du Sud, la Géorgie, la Louisiane et l'Alabama. Dieu bénit leurs efforts, leurs terres prirent de la valeur par l'augmentation rapidement croissante de la population. Ils purent acheter quelques nègres pour les aider dans leurs travaux, et peu à peu augmenter leurs premiers établissements, ou les vendre et aller en former de plus grands plus au sud et avec un plus grand nombre d'esclaves.

Sans doute que ces planteurs n'ont pas, dans les premiers temps, pu conduire leurs esclaves sans avoir recours aux moyens de rigueur, au fouet par exemple. Quant au fouet, ces esclaves l'ont, sans le moindre doute, reçu jadis, quand ils le méritaient, alors qu'ils arrivaient tout enfants, tout bruts, tout méchants, de la côte d'Afrique, et ce avec la permission du Tout-Puissant, qui est, bien assurément, un partisan de la vieille méthode : on n'a en effet qu'à ouvrir l'histoire ancienne et moderne pour le voir le faire administrer à petits et grands, blancs et noirs, en tous temps et en tous lieux. Car enfin il faut bien un moyen d'action pour forcer au travail les récalcitrants, et quand on ne peut s'adresser à l'intelligence, alors qu'elle n'est pas encore, il faut bien s'adresser à ce qui a été chez l'homme de tout temps, à ce avec quoi il est né, à ce que la Providence a tout d'abord placé près des jambes évidemment pour les faire marcher.

Quant à dire qu'on s'est jamais servi du fouet avec cruauté ou un instant de plus qu'il n'était strictement nécessaire, il est absurde même de le supposer : absurde, car, tout homme bien élevé, en Europe, n'a qu'à se demander comment il traite ses inférieurs, comment lui et les siens traiteraient des créatures humaines tenant de l'enfant par l'intelligence et du bœuf de labour par la force corporelle et les services qu'elles rendent, pour savoir à peu près comment ces créatures esclaves sont traitées par nos planteurs et leurs familles. Pour le savoir au juste, il n'aurait qu'à se demander de plus comment il les traiterait si ces services étaient tels que, au cas où ils viendraient à manquer, il serait ruiné. Et même après ces deux questions il ne le saurait pas encore tout à fait, car il devrait encore se demander comment il les traiterait si, vu l'importance de ces services pour tout le pays, il se savait non-seulement sous la surveillance mutuelle de tous les planteurs, mais sous celle de la population entière.

Le nègre sur nos habitations se trouve donc sous une triple protection, résultant : 1° de ce que quatre fois sur cinq au moins son maître est un homme bien élevé ; 2° de ce que l'intérêt de ce maître est de le bien traiter ; 3° de ce que ce maître se trouve, à cet égard, sous la surveillance de tous, et 4°, pourrait-on ajouter, de l'échange constant d'idées entre planteurs sur la meilleure manière de conduire les esclaves.

Aussi les Rareys n'ont-ils pas manqué. L'un d'eux, le père d'une des jolies femmes de la brillante cour de Votre Majesté, et propriétaire de deux magnifiques plantations, me disait, il y a plus d'une quinzaine d'années déjà, que la seule punition dont il usât envers ses nègres était le bonnet de coton et le pot de tisane ; que leurs trois défauts étaient la paresse, la gourmandise et la luxure, et que la grande difficulté consistait à les empêcher de passer leurs nuits en aventures galantes, au lieu de rester comme de bons maris auprès de leurs femmes; aussi, qu'à l'appel du matin, dès que le moindre symptôme de fatigue trahissait une nuit blanche, le coupable était impitoyablement déclaré malade et mis à l'hôpital; qu'il est vrai qu'il ne travaillait pas, mais qu'il était par là puni de deux manières : 1° en étant privé de voir sa belle; 2° en n'ayant que de la tisane à discrétion, au lieu de sa pâtée favorite de lard et autres; que ce mode de répression avait été reconnu d'une telle efficacité, qu'il avait remplacé presque partout les gardiens de nuit, l'emprisonnement, la chambre noire, le fouet, et autres vieux moyens.

L'autre cinquième de notre population esclave appartient principalement aux anciennes familles riches ou aisées du pays qui habitent les villes, et qui louent à d'autres les services de ceux de leurs domestiques dont elles n'ont pas besoin. Il est cependant quelques esclaves dont les maîtres font partie de cette classe de boutiquiers européens enrichis que l'on trouve partout dans les Amériques, et qui, dès qu'ils ont pu mettre de côté quelques milliers de francs, tiennent à gloire d'avoir à eux un ou deux esclaves. Ceux-ci ne sont pas les plus heureux. Mais la surveillance, plus facile dans les villes qu'à la campagne, fait qu'au moindre cri de ces nègres, — et les gaillards le savent si bien qu'ils commencent généralement par là avant que le coup soit tombé, — le premier constable, le premier passant venu, s'arrête, demande la cause du tapage, et décide. Ce tribunal ambulant en vaut bien un autre, comme en témoigneraient plus volontiers nos messieurs noirs que ces messieurs blancs.

N'y a-t-il jamais eu de cas de cruauté ?

Oui, Sire, il y en a eu un ; il a été le premier et le dernier.

Il y a quelque trente ans, une femme, à la Nouvelle-Orléans, appartenant aux meilleures classes de notre société, par suite d'une série de raisonnements inexplicables, était arrivée à la conclusion que le noir ne souffrait pas plus que les animaux inférieurs de la création, mais était seulement infiniment plus méchant. Elle avait fait matelasser un pavillon au fond de l'arrière-cour de sa maison, et y avait fait installer une machine garnie de pointes qui obligeaint le patient, sous peine d'être piqué affreusement, à garder la position la plus gênante, position qu'elle indiquait elle-même, ainsi que la durée du châtiment. Une de ses domestiques, dont le fils était dans cette chambre de torture, sortit dans la rue en poussant des cris et appelant au secours de son enfant. Le peuple s'élança, furieux ; la maîtresse n'eut que le temps de s'échapper de sa maison, qui fut littéralement jetée par les fenêtres, et parvint à grand'-peine, et sous un déguisement, à quitter le pays.

L'exception, ici, prouve la règle, et montre ce qu'est au juste, à cet égard, l'opinion publique au Sud, opinion soi-disant faussée, émoussée, abrutie, que sais-je, par la vue constante des souffrances de nos esclaves.

Ces prétendues souffrances sont au contraire tellement loin de la vérité, que pour se faire une idée à peu près exacte des rapports réels qui existent, généralement parlant, entre les maîtres et les esclaves de maison, il faudrait reporter ses souvenirs à ce qu'étaient au dernier siècle ceux des Européens avec leurs domestiques, à ces vieux serviteurs, ces vieilles servantes maîtresses, qu'on avait bien, en théorie, le droit de renvoyer, mais qu'en pratique on se passait de père en fils, et qui, malgré vous, en arrivaient à morigéner toute la famille. Il faudrait même charger cela, vu la différence de couleur, et la différence plus grande d'intelligence, pour savoir ce qu'ont de bizarre, pour le spectateur nouveau, comme je l'étais à mon retour d'Europe à l'âge de vingt-quatre ans, et souvent d'irrésistiblement risible, les relations qui se sont, chez nous, entre nous et malgré nous, établies à la longue, par suite d'empiétements constants d'une part et d'indulgence ou d'inattention de l'autre.

Je regrette d'être forcé de m'abstenir ici d'en citer plusieurs exemples amusants qui me reviennent à la mémoire, mais Votre Majesté, au cas où le sujet l'intéresserait, a mille moyens de s'en procurer d'analogues, en faisant par exemple causer des femmes ou des enfants ayant vécu aux Colonies.

Les cruautés que les nègres ont eu à souffrir proviennent toutes de faux ou de maladroits amis. En Afrique, s'ils savaient écrire (mais nous pouvons ici leur prêter la plume d'un ne nos savants esclaves), voici pour sûr à peu près ce qu'ils écriraient à la reine Victoria :

« Notre bien aimée et bien puissante Reine,

« Vous, si bonne et si compatissante, veuillez, au nom du Ciel, empêcher vos sujets de nous tant aimer, car tout ce qu'ils font pour nous tourne toujours contre nous.

« C'est sans doute avec les meilleures intentions et pour notre bien qu'ils ne veulent pas que nos maîtres nous vendent, mais quand nous retournons chez eux non vendus, ils entrent en fureur et nous battent sans merci ; à moins qu'ils ne fassent comme Badahung, le roi de Dahomey, qui, ne pouvant plus nous vendre, veut remettre à la mode l'habitude qu'avaient nos ancêtres de tuer leurs prisonniers, et à qui il est arrivé dernièrement, déjà trois fois, de massacrer deux ou trois mille d'entre nous sur le rivage.

« Toujours pour notre bien, et, nous n'en doutons pas, pour nous empêcher d'être vendus, vos sujets, sous prétexte d'obtenir de nous de l'huile de palmier et des terres à coton, nous massacrent eux-mêmes, comme il leur est arrivé l'autre jour à Porto-Novo, où vos bâtiments de guerre ont ouvert leurs batteries sur nos pauvres gens que l'on avait amenés sur la plage pour attendre les navires négriers, et ont tué ou blessé indistinctement vendeurs et vendus, au nombre de deux mille.

« C'est aussi pour notre bien, sans doute, que ces bâtiments de guerre font la chasse aux navires négriers ; mais afin de leur échapper, ces navires deviennent de plus en plus étroits, et nous y sommes de plus en plus serrés. Nos pères y étaient bien mal autrefois, mais nous, aujourd'hui, y mourons tant et tant, que nos bons capitaines yankees, malgré leurs Bibles, en prennent de l'humeur et nous font à chaque instant monter sur le pont pour prendre l'air et recevoir des coups de corde.

« Le résultat de toutes ces bontés pour nous est que nous sommes battus et massacrés à terre ou battus et étouffés en mer. Nous aimerions mieux autre chose, par exemple être battus en Amérique. Vos sujets disent que nous le serions certainement; nos hommes, à leur retour, disent que nous ne le serions pas. O notre bonne Reine! si vous pouviez obtenir de nos amis vos sujets qu'ils nous en laissent courir la chance; si vous pouviez obtenir d'eux, à moins qu'ils ne puissent faire autrement, d'être à l'avenir moins bons pour nous, nous vous en aurions une reconnaissance éternelle.

« Soutenus par cette espérance, nous prions Votre Majesté de vouloir bien nous recevoir en sa gracieuse miséricorde. »

Suivent les croix.

Tenez, John Bull, une proposition : Vous vous dites l'ami des nègres, et le dites assez haut pour que l'on vous croie. *Votre* but est de les civiliser. *Notre* but est de les civiliser. Un de vos dictons favoris est que « c'est au manger du pudding qu'on le juge ». Prenons votre dicton, et comparons nos deux puddings. Quant aux petits moyens civilisateurs mentionnés plus haut, n'en parlons plus, si ça peut vous faire plaisir, et admettons que ces Africains sont de pauvres diables qui se plaignent uniquement parce qu'ils ne savent pas le proverbe que « la fin justifie les moyens ».

Goûtons d'abord votre pudding, nous goûterons ensuite le nôtre.

D'après votre système, vous prétendez pouvoir civiliser l'Africain, c'est-à-dire l'induire à travailler comme font les peuples civilisés, en vous adressant à sa raison, et pour cela vous lui avez envoyé des missionnaires, dont je ne connais pas le nombre exact ; mettons-en, pour le moment, trois, quatre ou cinq douzaines. Laissons parler l'un d'eux, l'un des plus récemment envoyés et des plus distingués, le révérend Livingstone, dont j'ai lu l'ouvrage, et voyons, d'après son dire, ce qu'il a fait.

Il raconte : qu'il a beaucoup voyagé et vu beaucoup de pays; que les habitants, à son approche, sortaient nonchalamment de leurs cahutes, pour le voir, la pipe à la bouche; qu'ils appelaient leurs esclaves, soit « Diabo! » soit « Bicho! » Brute! ou Fils de chien! pour se faire apporter du feu, ou des fruits et des grains, qui viennent partout en abondance presque sans culture; qu'ils ne s'occupent jamais que de leurs besoins corporels, et que la race en est là évidemment depuis des siècles; que les chefs se piquent d'amour-propre à qui aura le plus de crânes suspendus dans le village; que les villages victorieux à la guerre se contentent souvent d'imposer simplement des services aux villages vaincus; qu'ils n'aiment pas les Anglais, parce qu'ils les empêchent de vendre leurs esclaves; qu'ils les traitent, eux, cependant infiniment mieux que ceux qui tombent entre les mains des Anglais, ce qu'il (lui Livingstone) ne croit pas, car il ne voit pas comment on peut les traiter plus mal que ne le font ceux-ci, les nègres; qu'il est bien difficile de leur faire comprendre que verser le sang humain est un crime; que, suivant lui, les nègres ne sont ni meilleurs ni pires que les blancs, malgré le dire d'un chef qui l'assura que lui, étranger, ne pouvait se faire une idée combien ils sont méchants entre eux; que dans tout son voyage il n'a jamais été maltraité par eux; que, si les missionnaires ne sont pas venus en plus grand nombre, c'est à cause des fièvres dans l'intérieur et de l'insalubrité des côtes; que, quand il prêchait, aucun effet appréciable ne se remarquait en eux, qu'ils répondaient avec l'indifférence la plus agaçante : « Nous ne savons pas », « Nous ne comprenons pas »; qu'un chef, le voyant un jour désireux de leur faire croire la parole du Christ, s'approcha de lui et lui dit : « Ah çà, vous imaginez-vous que vous allez faire croire à ce monde-là ce que vous leur dites simplement en leur parlant? Laissez-moi faire venir quelques-uns de mes hommes avec leurs « litupas » (nerfs de rhinocéros), et nous leur ferons croire tout ce que vous voudrez, tous ensemble »; qu'heureusement il s'était, avant son départ, muni d'une lanterne magique, et que quand il la faisait voir on accourait de toutes parts, et tous étaient enchantés.

Voilà certes de beaux résultats. Mais le Révérend aurait pu les obtenir tous (moins toutefois ceux de la lanterne) sans se déranger, s'il eût su qu'il était impossible à ces gens de le comprendre; que, n'ayant pas encore travaillé du corps, leur intelligence ne pouvait encore être qu'à l'état de germe; ou s'il eût su ou se fût rappelé, avant de partir, que pour faire un seul bon mot il faut au moins deux personnes : une pour le dire, une autre pour le comprendre; de même d'un sermon, d'un discours, etc.; de sorte qu'il eût pu tout aussi bien leur adresser ses prédications du haut de la chaire de sa paroisse en Angleterre, et l'effet civilisateur eût été tout aussi grand.

John Bull pourrait peut-être dire ici : « Mais, ah çà, attendez donc, ce n'est pas là tout mon pudding, je n'ai pas fini. » Soit, ce n'est cependant pas le temps qui vous a manqué, car voilà certes assez de temps que vous êtes après. Eh bien, ajoutez-y tout ce que vous voudrez. Voulez-vous encore des missionnaires? voulez-vous des nourrices, des maîtres d'école, des directeurs de société africaine? Prenez-en tant que vous voudrez, je n'en limite pas le nombre; faites-en la traite, si bon vous semble; empaquetez-les comme des sardines, maîtres d'école sur directeurs, directeurs sur nourrices, nourrices sur missionnaires. Envoyez-leur des cargaisons de lanternes magiques, de biberons Darbot, de livres élémentaires, de lettres touchantes à l'endroit coton, etc. Chargez, au retour, vos navires de Du Chaillu et de gorillas; armez vos missionnaires, nourrices et autres, de litupas; faites-les appuyer, si bon vous semble, par toute l'armée régulière et volontaire, et tout ça fondra au soleil, tout ça crèvera la fièvre, tout ça sera impuissant à faire travailler la race noire chez elle, à domicile, soit du corps, soit de la tête; et tout ça produira juste autant qu'ont produit les malingres colonies que vous avez essayé d'y fonder; juste zéro coton, juste zéro civilisation.

Et tout ça parce que vous n'aurez pas voulu ou pu comprendre que ce n'est pas de cette manière-là que Dieu veut qu'on civilise son Afrique ; parce que vous ne vous êtes jamais occupés d'étudier la manière admirable dont il a conduit les choses du passé ; parce que, sans cette étude de l'histoire, telle qu'elle devrait être écrite, les hommes ne peuvent, neuf fois sur dix, que mal conduire les choses du présent ; parce que... (mais je n'en finirais pas avec mes parce que), parce qu'enfin voici un de vos puddings, et qu'il ne vous reste plus qu'à avouer que ce pudding-là n'est qu'une boulette.

Voyons le nôtre. Il est d'abord un peu plus gros, car il se compose de quatre millions de nègres, qui, déjà, diffèrent autant de ceux d'Afrique qu'un champ de blé diffère d'un champ de mauvaises herbes.

Nous les avons rendus, comparativement à ce qu'ils étaient quand nous les avons reçus, des gens doux, laborieux et intelligents. Nous en avons fait de bons laboureurs (chacun d'eux vous envoie chaque année sa balle de coton, entre autres), de bons jardiniers, charpentiers, tonneliers, charrons, domestiques de maison, cochers, cuisiniers, pâtissiers, etc. ; dans leur enfance, d'excellents jockeys, qu'on ne désarçonne pas, d'adroits chasseurs, etc. Des femmes nous avons fait de parfaites gardiennes d'enfants, blanchisseuses, couturières, etc. Nous avons affranchi ceux d'entre eux qui étaient mûrs pour la liberté (souvent même avant qu'ils fussent mûrs); et des hommes nous avons fait d'honnêtes et de riches négociants, envoyé en Europe et fait d'éminents ingénieurs. Des femmes nous avons fait de bonnes et religieuses mères de famille, d'accomplies musiciennes, etc.

Par notre méthode, ou plutôt celle de Dieu, leur intelligence s'est développée, plus ou moins, sans doute, suivant l'aptitude de chacun, mais généralement à un degré qui surprendrait fort le révérend Livingstone, car probablement il ignore que le nègre apprend très facilement par les yeux, et très difficilement par tout autre moyen. Nous en sommes tous là, d'ailleurs : voyez le petit Parisien et l'enfant de la campagne; mais le nègre surtout, car la Providence, voulant sans doute lui faire rattraper le temps perdu, l'a rendu infiniment plus apte que nous à apprendre de cette manière. Il ne fait bien que ce qu'il a vu faire par d'autres ; en d'autres mots, il imite si bien et si naturellement qu'on l'avait d'abord pris pour un singe.

C'est donc là où il verra le plus qu'il apprendra le plus et ira le plus vite à la civilisation. Il n'est pas, suivant moi, naturellement inférieur à nous. Il n'a contre lui que son extrême paresse, due à l'oisiveté dans laquelle il est resté plongé pendant des siècles, par des raisons que nous connaissons. Mais cette paresse n'est nullement incurable, comme le prouvent de brillants exemples parmi nous, comme le prouve le plus brillant de tous, celui que vous avez en Europe, ce prodigieux écrivain qui chaque année suffit presque à lui seul à la consommation littéraire du monde, et qui, il y a quelque temps, ne sachant que faire du surplus de l'activité qui le dévore, s'était fait la mouche d'un certain *vetturino* désembourbé par Votre Majesté; ce charmant auteur dont toute race serait certes fière, l'un des plus spirituels de notre siècle, et qui ne fait qu'un seul mauvais usage de son esprit, c'est lorsqu'il essaye de blanchir sa peau et de décréper ses cheveux, au lieu d'avouer hautement sa race et de dire à tous : « Voyez en moi ce qu'elle peut devenir ! »

Mais à nous non plus notre pudding n'est pas fini.

Nos efforts ne se sont pas bornés à l'éducation indirecte de l'esprit par celle du corps.

Nous avions commencé à attaquer directement l'intelligence de nos esclaves en leur donnant quelques notions élémentaires de religion, en leur enseignant à lire et à écrire : nous avons dû nous arrêter, empêchés par les abolitionistes, qui faisaient tourner contre nous l'instruction que nous leur donnions, en distribuant parmi eux des pamphlets s'adressant machiavéliquement à leur imagination naissante et tendant à leur faire croire que, s'ils restaient en esclavage, ils iraient tous certainement en enfer.

Nous avions commencé à émanciper les plus intelligents, très-souvent même avant qu'ils fussent assez avancés pour la liberté, et par suite d'une mode qui s'était introduite parmi nous de libérer par testament ceux de nos domestiques plus spécialement attachés à nos personnes. Il fallut s'arrêter, les abolitionistes se servant de ceux de nos affranchis libérés trop tôt, et retombés dans l'oisiveté et le vagabondage, pour porter le trouble parmi nos esclaves.

Tant que les abolitionistes restèrent tranquilles, et même après le commencement de leur croisade dans les États où elle était moins à craindre, l'émancipation alla son train, et cela malgré la difficulté croissante de se procurer les bras nécessaires à nos besoins, comme le prouve entre autres le plan mis à exécution sur une grande échelle par un M. Mac Donough, archi-millionnaire mort il y a quelque temps à la Nouvelle-Orléans, qui pendant nombre d'années acheta tous les nègres qui se présentaient à lui désireux de retourner en Afrique. Un compte était ouvert à chacun, et, dès que ses économies étaient suffisantes pour rembourser le prix d'achat et de passage, le nègre était renvoyé libre dans son pays. Le plan était bon, il n'était que le résultat de cette simple réflexion, que l'homme qui travaille et économise est mûr pour la liberté, et il ne rencontra jamais la moindre opposition, tant chacun, dans le Sud, est convaincu de la vérité du principe.

L'éducation aussi alla son train aussi longtemps

qu'on ne dut pas l'arrêter. Ce n'était là encore de notre part que le résultat de cette autre réflexion, que plus l'homme est intelligent plus et mieux il travaille, que plus il travaille plus il s'y habitue et plus tôt il arrive à le faire sans y être forcé. Je présume qu'il est inutile d'affirmer à Votre Majesté que nous sommes assez avancés en civilisation pour en savoir là-dessus autant que les Russes, qui aujourd'hui savent avec tous que les entraves physiques ou morales, qu'elles s'appellent menottes ou boulets, esclavage ou servage, gênent le travail, et qu'il est absurde de les imposer ou de les conserver à l'homme qui travaillerait sans elles.

Conduits par notre intérêt personnel, — nous ne prétendons pas être meilleurs que d'autres, mais simplement aussi intelligents, — notre premier, notre principal but, était donc d'obtenir les gens nécessaires à l'exploitation de nos terres, et d'obtenir de ces gens, le plus promptement, le plus de travail au meilleur marché possible. Le travail forcé ou l'esclavage étant le travail qui revient le plus cher, il était de notre intérêt d'émanciper nos esclaves, progressivement sans doute, mais le plus tôt possible, afin de n'avoir plus à payer le travail que ce qu'on le paye dans d'autres pays. Notre intérêt aussi, afin de ne pas perdre ces travailleurs que nous n'aurions pas pu remplacer, était de les traiter, durant leur esclavage, le mieux possible, afin qu'ils ne songeassent pas à nous quitter après leur émancipation.

Si, dans nos Etats du Centre, où le travail du blanc est possible, l'esclavage n'a pas depuis longtemps cessé d'exister; si nous avons poursuivi nos esclaves jusqu'au fin fond des Etats du Nord, au prix quelquefois de vingt-cinq mille piastres par tête, ce n'est certes pas pour leur valeur, car ceux qui se sont ainsi sauvés comptent par douzaines, et ceux à qui nous avons volontairement donné la liberté comptent par milliers, mais c'est parce que nous avions à craindre que la masse, devenue plus intelligente, ne commençât à s'agiter sous de pareils exemples; c'est parce que certaines gens voulaient établir à nos dépens d'insolents droits d'intervention dans nos affaires domestiques; c'est parce que nous avons toujours prétendu, prétendons, et, si Dieu nous prête vie, continuerons à prétendre rester maîtres chez nous et défendre à qui que ce soit d'y porter le désordre en se mêlant sottement ou méchamment de ce qui s'y passe.

Ce premier petit pudding de quatre millions, cher à nos intérets, et plus particulièrement personnel à nous, nous n'avons pas pu le finir comme nous le désirions; le gros, celui de soixante millions pour l'Afrique entière, encore moins; mais ce que nous n'avons pas pu faire, Dieu le fera et a déjà commencé à le faire à sa manière.

Sur les quatre cent quatre-vingt mille personnes de

couleur affranchies, et dont les dix-neuf vingtièmes au moins nous doivent leur liberté, un peu plus de la moitié est restée parmi nous. Ceux-ci ne cultivent ou ne cultiveront sans doute pas nos terres, mais ils augmentent de leurs industries diverses la richesse du pays, vivent heureux dans la position honorable qu'ils y occupent, et continueront à y demeurer, car l'exemple de ceux d'entre eux qui, attirés par le soi-disant amour des abolitionistes, sont allés se fixer au Nord et n'y rencontrent que mépris, n'est certes pas fait pour les engager à nous quitter. A ces gens ridiculisés, vilipendés, traités comme une race immonde, le rebut de l'humanité, Dieu enverra un jour un Spartacus qui leur fera rompre les honteuses chaînes de l'habitude qui les retiennent parmi cette grossière population du Nord, et, repoussant du pied ce sol aussi froid que le cœur de ceux qui l'habitent, les entraînera avec lui vivre libres et indépendants dans leur vieille Afrique, y portant avec eux la civilisation qu'ils nous doivent. Pour peu que ce Spartacus soit le moindrement enclin à la royauté, il pourra en route s'arrêter à Haïti et y prendre une cour toute faite de gens qui ont appris de « nos seigneurs de Saint-Domingue » à porter fort galamment, ma foi, et le claque et l'épée.

Et Dieu non plus n'a pas fini, car, sous la pression croissante à laquelle il soumet aujourd'hui le monde civilisé, ce monde en viendra bien à comprendre et avouer que l'esclavage est le seul commencement possible pour obliger la race africaine à travailler et marcher au progrès. Il en viendra bien à comprendre qu'il perd les richesses de tous ces pays rapprochés de l'Equateur, où le blanc ne peut travailler; qu'il est non-seulement de son intérêt, mais de son devoir, d'y faire travailler les noirs, amenés, non pas comme jusqu'ici dans ces épouvantables navires négriers, honte éternelle de ceux qui sont cause qu'on s'en est servi, mais dans de bons et commodes navires, portant un nombre de passagers déterminé dans un nouveau chapitre au droit international.

Les Etats du Sud, ne désirant pas un plus grand nombre d'esclaves, en ont, dans leur nouvelle Constitution, défendu l'importation; mais cette mesure, suivant moi, ne saurait être que temporaire, parce qu'il faut, dans l'intérêt des deux races, que, dès que le nègre éprouve le besoin d'être libre, il puisse avoir, de par la loi, le droit de travailler pour le devenir et de se racheter. Le vaste réservoir africain étant ouvert à la demande, les travailleurs ne manqueront plus aux blancs des pays chauds, et pour se les conserver, une fois affranchis, il ne s'agira plus simplement que d'être encore plus soigneux de les bien traiter.

J'aurais beaucoup désiré mettre succinctement ici sous les yeux de Votre Majesté les arguments dont se sont servis nos auteurs, entre autres le Dr Cooper,

MM. Hammond et Harper, pour convaincre notre population de son droit au travail de la race noire, de même qu'elle était depuis longtemps convaincue de la nécessité et de l'effet civilisateur de ce travail. Mais je n'ai pas pu me procurer leurs ouvrages en Angleterre, et, ne demeurant plus au Sud depuis plusieurs années, je ne les ai malheureusement jamais lus et ne puis les citer de mémoire. J'ai donc dû tâcher de dire *grosso modo* tout ce qu'on pouvait dire de l'esclavage, afin, autant qu'il était en mon pouvoir, d'inclure ainsi ce qu'en ont dit ces messieurs. Ceci me servira, j'espère, d'excuse auprès de Votre Majesté, pour la longueur d'une lettre qui n'est, je le regrette, pas encore terminée, car il me faut passer en revue ce qu'ont dit contre l'esclavage les écrivains abolitionistes.

Ce qui les caractérise en général, c'est qu'ils se répètent tous et n'ont jusqu'ici fait que dire ce que le tout premier avait dit dès le commencement ; et ensuite que tous bâtissent, quelquefois les pieds sur leurs chenets, comme Mme Beecher Stowe, qui n'a jamais, elle, mis les pieds dans le Sud, de superbes édifices, mausolées et autres, érigés sur des bases dont le peu de solidité échappe à l'œil du public, qui, lui, ne voit que la *superstructure*, et naturellement verse des larmes et profère des invectives, invectives justes, mais dont seulement il met mal l'adresse.

Quoi de plus facile, en effet, à qui veut écrire un roman sur l'esclavage, que de partir, par exemple, de cet horrible traite des nègres, et, au lieu d'en attribuer les souffrances à qui de droit, de les attribuer aux planteurs; de cacher cette vérité que, même dénués de tout sentiment humain, leur intérêt est de recevoir leur marchandise en bon état; de construire par là-dessus une histoire à peu près vraie de lignes, mais totalement fausse de couleur? Qui ne s'y trompera, hors celui qui a vu l'esclavage de ses yeux assez longtemps pour savoir ce que cette histoire a de mal fondé? Qui d'autre que celui-ci, tout en s'essuyant les yeux, la jettera de côté comme calomnieuse?

Voyons ce qu'ils peuvent dire, sans même avoir à se déranger de leur cabinet, et faire croire à un public qui, ne sachant par lui-même rien de toutes ces choses, est prêt à tout croire.

Ils ouvrent nos codes et y voient le fouet. Ils éprouvent là-dessus naturellement le même étonnement, la même irritation, qu'éprouverait l'individu qui, ouvrant les règlements de nos écoles au siècle dernier, y voyant les verges, la prison, le pain sec, les privations de sortie, et ne lisant pas que ces règlements sont pour des enfants, les prendrait pour des règlements à l'usage d'hommes faits.

Ne sachant pas le premier mot de ce qu'est la population de l'Afrique, ne sachant pas ce qu'elle était à son arrivée parmi nous, ne comprenant pas l'esprit de ces lois et leur indispensable nécessité à l'époque, ils s'indignent et font les autres s'indigner avec eux.

De leurs bureaux, à Londres ou à Paris, ils ne peuvent pas savoir, et même eussent-ils passé tout un hiver dans le Sud, ils ne sauraient probablement pas, que ces lois sont autant de lettres mortes, que depuis vingt ans et plus les sages législateurs qu'appelait au pouvoir le suffrage universel étaient, généralement parlant, aux États-Unis, infiniment trop sages pour s'occuper de la chose publique et penser à autre chose qu'à leurs intérêts particuliers; que toutes ces lois avaient depuis longtemps été remplacées, sous l'empire de l'universel « Laissez faire » qui y régnait, par des coutumes débattues longuement entre planteurs, à leurs constantes réunions, les pieds sous la table et la fourchette en main.

Ils voient le fouet dans nos champs sur l'épaule de nos économes, et ils concluent de là que le fouet ne fait qu'aller des dos des uns aux dos des autres, et avec tout autant de justesse que le badaud qui, voyant à Londres le sergent anglais faire faire l'exercice à ses soldats un bâton à la main, conclurait de là qu'il les rosse avec: encore le badaud aurait-il quelque raison de le supposer, car la Grande-Bretagne, les Grandes-Indes surtout, sont encore la terre classique du fouet; avec autant de justesse que le cockney qui, voyant à Paris ces longs tambours-majors avec leur longue canne, retournerait dire qu'elle sert à taper sur la tête de ceux de ses fantassins qui ne marchent pas au pas.

Eh! eh! c'est qu'elles seraient bien commodes pour çà! Il ne faudrait pas jurer que telle n'était pas leur destination à une époque... éloignée. Il en est de même de notre fouet; il ne faudrait pas jurer qu'il n'a jamais servi, car on mentirait. Il a servi jadis; mais aujourd'hui que nos nègres sont intellectuellement de grands garçons, comparés à ce qu'ils étaient quand ils nous sont arrivés, il ne sert plus, pas plus que le bâton et la canne à pomme susdits.

Le fouet et autres mauvais traitements physiques, nos abolitionistes américains ont dû les abandonner devant la formidable artillerie de faits incontestables que nous leur opposions. Ils n'occupent plus guère que la citadelle de mauvais traitements moraux, qu'ils défendent avec acharnement. Mais les Européens, que nous avons moins battus en brèche y tiennent encore, entre autres raisons : 1° parce qu'ils ignorent qu'un nègre qui porterait des marques de fouet sur son corps perdrait, par ce seul fait, la moitié de sa valeur, ces marques disant à tous qu'il est vicieux, et que nous autres gens du Sud avons cela de particulier avec le reste de l'humanité, que nous aimons notre bourse ainsi que la tranquillité et la sûreté de nos familles : je *nous* laisse ici, comme ils voient, aussi froids de cœur qu'ils nous font eux-mêmes; 2° parce qu'ils ne se demandent pas s'ils ont jamais vu, hors de Bedlam ou de Charenton, des gens s'amuser à détruire leurs meubles, leurs chevaux, ou quoi que ce soit qui leur appartienne; ils y tiennent aussi, 3°, parce que ça fait bien dans le tableau; comme l'un d'eux racontant l'histoire de cette dame de la Nouvelle-Orléans mentionnée plus haut, lequel, au lieu de la dire telle qu'elle s'est passée, — elle est déjà bien assez affreuse pour qu'on ne la charge pas en couleur, — écrivait que « cette dame enchaînait et enterrait les corps à demi-putréfiés de ses esclaves, et leur brûlait et arrachait périodiquement les entrailles. » Il se sera sans doute dit : Un petit peu de sang ici, un petit peu d'entrailles là, ça a de l'œil, ça relève bien l'article.

Ils voient la vente de nos esclaves, et ils disent que l'idée seule de vendre son semblable est repoussante. Admis, on ne se fait pas à cette idée, et la preuve en est que les gens qui en font un commerce sont, chez nous, moins que peu considérés. C'est un préjugé que notre raison repousse, mais c'est un préjugé que notre instinct accueille. L'homme ne doit écouter ni tout l'un, ni tout l'autre, mais se laisser conduire par les deux. Notre raison nous démontre que nous devons civiliser l'Africain, et que nous ne pouvons le faire que par l'esclavage; notre instinct nous dit de le faire le plus vite possible, afin d'être le plus vite possible débarrassés d'une nécessité pénible, et tous deux sont dans le vrai,

Toutefois, qu'on ne se trompe pas sur le titre que la vente nous donne sur l'homme noir, car ce titre, par le fait seul de la nature de l'objet du contrat, doit forcément être tout différent de celui qu'on acquiert par l'achat d'une chose ou d'un animal. Quiconque en douterait n'aurait qu'à en essayer, et l'homme le plus bêtement méchant verrait bientôt par les ennuis, les inconvénients, les tracasseries, les pertes que lui vaudrait son despotisme, qu'il ne peut mésuser impunément de ses droits, et que ces droits, loin d'être absolus, comme il le supposait, sont au contraire restreints dans d'étroites limites, par la simple raison que tout ce qu'il fait contre son esclave revient sur lui et le punit, et que tout ce qu'il fait pour son esclave revient sur lui et le récompense.

L'homme ordinaire, ni bon ni méchant, ni intelligent ni stupide, ni bien ni mal élevé, cède bien vite sous cette pression de l'intérêt personnel, et s'étonne de se trouver tant de douceur quand il s'agit de son esclave, tandis qu'il en a souvent si peu pour toute autre personne.

L'esclavage, loin donc d'endurcir les hommes comme le prétendent les abolitionistes, les rend au contraire meilleurs, comme toute personne ayant vécu dans les pays à esclaves n'aura pu manquer de l'observer, et ce par la même raison qui fait que les instituteurs sont généralement des modèles de patience et d'aménité.

Nos planteurs, à qui Dieu a confié sa principale école d'esclaves, des hommes certes bien au-dessus du commun des martyrs, n'avaient pas que cette pression pour les engager à bien traiter leurs apprentis-ouvriers. Aussi entre leurs mains l'esclavage est-il devenu ce que Dieu veut qu'il soit : une tutelle de l'homme fait sur l'homme enfant, une espèce de paternité artificielle qui vaut à l'esclave la même sollicitude et les mêmes soins que l'on a pour son enfant. Le contrat qui les lie l'un à l'autre, quel que soit le nom qu'il porte, établit entre eux des rapports tout autres que ceux qui existent entre le propriétaire et sa propriété.

La cause des errreurs de ceux des abolitionistes qui ne sont pas payés pour en faire provient de ce qu'ils jugent les noirs d'après eux-mêmes. Ils ne peuvent se figurer qu'il y ait parmi nous, au XIXe siècle, des gens qui en soient encore où nous en étions au commencement du monde. Ils leur prêtent leurs idées, leurs sentiments, et, partant de là, arrivent à la conclusion qu'ils ne peuvent qu'être très-malheureux. Sans doute, s'ils étaient comme nous, ils préféreraient la plus amaigrissante indépendance au plus engraissant esclavage ; mais comme ils ne le sont pas, ils donnent sans hésiter la préférence au second. Demandez à vingt-cinq nègres s'ils voudraient travailler libres, et, pour un seul qui vous répondra « oui », vingt-quatre vous diront de suite « non ». « Non, disent-ils, si c'est pour être comme ces *pauvres blancs* — une de leurs constantes expressions de commisération — qui arrivent d'Europe, qui n'ont personne pour les soigner quand ils sont malades, qui ont à travailler même après qu'ils sont trop vieux pour le faire, etc. »

Le nègre est bien guidé dans cette réponse, car il sait par expérience et sent par instinct qu'il a besoin, dans notre société, de quelqu'un sur qui s'appuyer ; de même que l'enfant dans la rue donne de lui-même la main à sa bonne. Cette bonne, il ne l'aime pas toujours, mais il aime en avoir une à côté de lui. Le choix de cette bonne, la loi espagnole le laisse même à l'esclave, en lui accordant le droit de se faire évaluer au tribunal et en obligeant le maître de le vendre à l'acquéreur que l'esclave trouve disposé à donner de lui le montant de l'évaluation. Vu la surveillance mutuelle dont j'ai parlé plus haut, cette excellente loi, sujette à discussion *parmi nous*, n'a jamais encore été adoptée dans nos États.

Pourquoi, pourrait-on demander, au lieu d'acheter le corps et le travail du corps, ne pas simplement le louer, comme on fait de celui des coolies. Je pourrais en deux mots prouver que ce système serait impraticable encore pour le nègre ; mais laissons faire la réponse à cette question par tout ce qui travaille du corps et n'a pas d'intelligence. Demandons au cheval, par exemple, lequel il préfère, être le dimanche entre les jambes d'un calicot, ou la semaine entre les jambes de son maître.

Pendant que nous le tenons, demandons-lui aussi lequel il aime mieux, appartenir à un charretier ou à un gentleman. Et le cheval ne répondra pas. Mais faisons une question analogue au nègre, et demandons-lui lequel il préférerait, être loué tant qu'il est fort et dans sa vieillesse être abandonné à lui-même usé jusqu'à la corde, ou travailler dans nos États du Sud ; lequel il aime mieux être, esclave en Afrique ou en Amérique. Et lui, le nègre, répondra, et répondra ce que le cheval eût répondu s'il pouvait parler, et nous demandera à son tour si nous voulons nous moquer de lui.

Pourquoi répondra-t-il ainsi ? C'est que l'amour de l'indépendance n'est pas encore né en lui. Jefferson, lui-même, cet apôtre toqué de la liberté, ce fondateur de l'école exagérée qui a tant contribué à vite mener l'Union Américaine où elle en est, avait fait la même remarque et déclaré que le mot « *liberté* » n'avait aucun sens pour le nègre ; mais il avait omis de prouver qu'il ne pouvait en avoir aucun, omission que j'ai réparée en démontrant plus haut que son intelligence n'était pas encore suffisamment développée pour que cette idée abstraite ait pu germer dans sa caboche ; idée qui, dans celle de l'homme plus avancé en civilisation, devient un besoin aussi réel que l'air atmosphérique qu'il respire.

Grâce donc à la dose très-limitée d'intelligence que possèdent encore la presque totalité de nos esclaves, la vente, par une sage dispensation de la Providence, n'est pour eux que ce qu'est un changement d'école à l'écolier: une légère inquiétude sur ce que sera le nouveau maître. Aussi les voyons-nous, doués de l'instinct observateur qui les caractérise, s'offrir d'eux-mêmes à ceux dont la figure leur revient, et se fabriquer, pour l'occasion, toute espèce de qualités souvent fort imaginaires. Ces drôleries enlèvent ce qu'aurait autrement de désagréable la vente, cette dure nécessité de l'esclavage, nécessité qui toutefois ne mérite pas le haut coloris dont les écrivains abolitionistes l'ont badigeonnée.

Ils disent aussi que le mot « esclavage » est affreux, et qu'il n'indique, du reste, que ce qu'est la chose. Admis quant au mot, il n'est pas beau; mais quant à ce qu'il indique, c'est précisément l'inverse de ce que vous supposiez, et ne supposerez plus longtemps, il faut espérer. Faut-il le changer et ne plus appeler nos esclaves esclaves? Soit, appelons-les ce que vous voudrez, apprentis cotonniers, pupilles de l'arrière-garde, élèves de la pioche, peu nous importe. Mais quand donc, grands Dieux! les hommes cesseront-ils de faire tant attention aux mots et si peu aux choses! Quand donc tout l'art de les conduire consistera-t-il à changer les noms et conserver les choses, ou changer les choses et conserver les noms! Pas de sitôt, mais il est en vérité grand temps de s'y mettre. Ce mot vous rappelle de vilains souvenirs. Il n'y a pas si longtemps que vos entraves vous ont été enlevées à vous-mêmes que vous n'en conserviez la mémoire et que ce mot ne sonne encore désagréablement à vos oreilles. C'est possible; mais ne craignez rien, le monde ne va pas en arrière. Les peuples hommes ne redeviendront pas plus des peuples enfants que ceux-ci ne sauteront à pieds-joints dans leur majorité. Mettez-y un peu de bonne volonté, et avec quelques efforts, malgré vos études classiques, vous parviendrez à voir en nos esclaves autre chose que de pauvres victimes destinées à être jetées en pâture aux bêtes féroces du cirque, et en nous autres gens que des Romains de la décadence.

Nous n'avons pas le moindre cirque, rien en nous qui sente l'antiquité, et sommes au contraire un peuple jeune, trop jeune encore pour être facilement compris de l'Europe, mais, au demeurant, de braves gens, qui calculons sans doute moins bien que nos voisins les Yankees, mais suffisamment cependant pour connaître la valeur d'un millier de piastres, et qui n'avons pas encore, vous pouvez m'en croire, fait croquer le moindre petit moricaud.

Puisque donc nous devons encore garder la chose, gardons donc le mot; car il serait par trop ridicule de le changer, d'autant plus qu'on s'y fait, du moment qu'on sait au juste ce qu'est la chose.

Nos abolitionistes indigènes, forcés de quitter successivement les positions qu'ils occupaient, ne tiennent plus encore, comme je le disais, que sur un seul point, l'abomination du traitement moral et du système en général, et se perdent en effet dans des généralités où ils cessent d'être clairs. Tâchons de l'être un peu plus qu'eux, et voyons à découvrir ce qu'ils veulent dire par le mauvais traitement moral de nos esclaves.

« Nous négligeons leur éducation intellectuelle », et pour cause, comme je l'ai dit plus haut. C'est là naturellement un de leurs griefs contre nous et un des nôtres contre eux, mais auquel il n'y a pas de remède tant qu'ils s'entêteront à se mêler de nos affaires.

« Nous séparons les enfants de leur mère ». Ils le disent, mais savent que ce n'est pas, car nos Codes mêmes leur font voir le contraire. « L'enfant ne peut être vendu sans sa mère avant l'âge de sept ans ». Ceci est la loi ; mais notre intérêt, toujours *notre intérêt*, il suffit à lui seul, et toujours, et partout, pour nous dispenser de réclamer rien d'autre, a établi la coutume de ne pas séparer les familles, comme nos journaux le prouvent journellement à tous, aux avis de vente. Et ce par la simple raison qu'ils rapportent davantage ainsi qu'autrement, car, vendus séparément, ils étaient toujours par voies et par chemins, sous le prétexte d'aller voir leurs parents. La vérité, au contraire, est qu'il n'y a nulle part, dans les basses classes, de familles dont les membres vivent plus ensemble que parmi nos gens.

Un autre motif aussi est que non-seulement leur

temps est moins gaspillé, mais qu'étant plus heureux, ils donnent moins de causes de mécontentement et travaillent mieux et davantage.

Quant à vendre nos esclaves âgés, c'est ce que nous ne faisons jamais, toujours pour le même motif d'intérêt personnel qu'ils nous rapporteraient peu, et nous valent beaucoup sur nos habitations par les bons conseils qu'ils donnent et l'incessante morale qu'ils prêchent aux plus jeunes : prédications, chose étrange à dire, qui sont couronnées de plus de succès que celles du révérend Livingstone.

Ils nous représentent aussi comme un peuple de Nababs, qui nous croisons les bras toute l'année, ne nous les décroisant que pour fouetter nos nègres. Quelques-uns le disent encore timidement quant au fouet, mais tous affirment que tout le travail se fait par les noirs. Autant vaudrait dire cela des manufacturiers, maîtres de pensions, colonels de régiment et autres qui conduisent un nombre de personnes, et dont on n'a cependant jamais jusqu'ici considéré les professions comme des sinécures.

Mais cela fût-il vrai de nos planteurs, au lieu d'être complétement faux, la récolte faite et emballée sur l'habitation ne serait pas encore rendue aux divers points où elle se vend. Qui sont les constructeurs, les capitaines, l'équipage des innombrables bateaux à vapeur qui montent et descendent nos fleuves ? Qui sont les ingénieurs, les directeurs de nos réseaux de chemins de fer? Qui sont les commandants, les matelots des navires qui de nos ports emportent toute cette immense quantité de coton, de sucre, de riz, de tabac, etc. ?

Qui sont les présidents de banque, les négociants, les commis nécessaires à ces envois? Qui sont les avocats qui plaident, les juges qui décident les contestations qui surgissent de ces diverses transactions? Qui sont les médecins qui soignent la population ainsi employée? Sont-ce des noirs ou des blancs? La vue de la levée de la Nouvelle-Orléans, pendant six mois de l'année, donne si haut un si éclatant démenti à une pareille assertion, qu'il faut bien avouer qu'elle n'est qu'une de ces journalières erreurs volontaires auxquelles ces pauvres abolitionistes en sont réduits, et auxquelles ils recourent faute de mieux et pour suivre l'excellent conseil de Don Bazile.

Un autre, un Européen toutefois, traitait notre climat de *doux*, ce qui veut dire un climat où il ne fait ni chaud ni froid. Ce monsieur ne se trompe que du tout au tout; car il y faitchaud, et heureusement il y fait froid : heureusement pour nous, car, grâce au vent du nord qui y souffle et nous vaut de la glace pendant un mois, et une température renforcissante pendant deux autres, nous avons pu échapper au recoquillement qui caractérise la race blanche dans les autres pays chauds, et conserver notre vigueur physique et intellectuelle; mais non sans inconvénient toutefois pour nos pauvres noirs, qui durant cet affreux mois de l'année deviennent gris-ardoise. Heureusement qu'ils en ont trois de bons et six d'excellents, où il fait aussi chaud qu'en Afrique ; car je mets en fait que, s'il est des pays où le thermomètre monte plus haut, il n'en est pas un seul dont la température donne durant six mois, nuit et jour, une moyenne aussi élevée que celle du sud de la vallée du Mississipi. Il n'en est pas un seul où durant six mois il y ait aussi peu d'air, où l'atmosphère soit aussi lourde, aussi accablante pour la race blanche.

L'auteur de cette étrange assertion n'a sans doute commis là qu'un péché bien véniel, qui ne mérite pas la mort, mais qui mériterait, non un mois, une semaine ou un jour, mais une bonne heure de soleil dans nos champs, les bras croisés ou décroisés, et dans le costume qu'il lui plairait de choisir. Je ne crois pas qu'après il reparlât jamais de la douceur de notre climat.

Etonnez-vous donc après cela que tous ces gens ensemble n'aient pas entre eux tous réussi encore à comprendre le premier mot de l'esclavage ! Mais si notre climat était doux, le coton n'y pousserait pas, ni non plus l'esclavage ; tous trois sont, vont ensemble, et l'un sans l'autre ne serait pas, n'aurait pas de raison d'être. Comprenez-vous..... !

Qui nous délivrera de ces fariboles ? Vous, public civilisé, et nul autre. Mais pas tant que vous resterez collés à l'asphalte de vos trottoirs, pas tant que vous ne voudrez pas comprendre qu'il est de votre devoir, de votre intérêt, de visiter votre domaine et de faire connaissance avec vos copropriétaires. Ne sentez-vous donc pas le danger qu'il y a pour vous et pour tous à rester dans l'ignorance de ces choses et de ces hommes? N'entendez-vous pas la vapeur qui vous siffle? Ne voyez-vous pas la locomotive qui s'impatiente sous son hangar, le steamer qui piaffe à ses amarres? En route, en route, messieurs les voyageurs! Convenez entre vous d'apprendre tous la même langue moderne dans les collèges, l'espagnol par exemple, au lieu de tant de latin, afin de pouvoir échanger vos idées, et que l'homme du monde de la prochaine génération fasse aussi certainement son tour du monde que l'ouvrier français fait aujourd'hui son tour de France (voyez Georges Sand), et que le proverbe : « Qui vient de loin a beau mentir, se change au futur en : aura beau mentir... » il ne sera pas cru.

De ce tour vous rapporterez au moins ceci : la conviction que, quelque riche que l'on soit, on s'appauvrit à toujours donner; qu'il n'est pas de peuple si arriéré qui ne puisse enseigner quelque chose à quelque autre peuple, si avancé qu'il soit; que les plus forts sont faibles, et que l'humanité n'est à la hauteur de sa tâche qu'autant qu'elle unit ses faiblesses et les change ainsi en forces.

Ah! j'allais en oublier une, une de leurs dernières et

plus mauvaises plaisanteries. Ces chers abolitionistes disent comme bouquet « que nous violons les droits de l'homme ». Ça, c'est par trop fort ! Permettez-moi, Sire, de me mettre ici en colère. Le drapeau rouge n'irrite pas le taureau plus sûrement que ces sottes paroles n'ont le don de faire bouillir mon sang. Ces gens sont là depuis vingt ans qui nous cornent aux oreilles la même absurdité, qui nous crient : « Des droits de l'homme » à ce peuple-ci, à ce peuple-là, comme des garçons de restaurant crient des huîtres aux numéros trois, sept et douze. Des huîtres, huîtres ! qui ne savent pas que les droits d'un peuple doivent être l'exacte contre-partie des devoirs qu'il remplit, de même que l'écaille supérieure de l'huître doit être l'exacte contre-partie de l'écaille inférieure : autrement peuple et huître souffrent ! Des gens qui vous réclament des droits de peuples-hommes pour des peuples au berceau ! Matrones et nourrices, et vous sages-femmes, répondez, qu'en feraient-ils ? car, moi, la langue française et ses pudeurs ne me permettent pas de le dire.

Mais je puis dire ce que ferait le gamin avec sa culotte à jour, qui, les pieds dans le ruisseau, regarde d'un œil d'envie le cocher de grande maison dans sa grosse houppelande fourrée et accuse le ciel d'injustice de le laisser se morfondre dans la rue. Je puis dire ce qui lui arriverait, si la Providence exauçait ses vœux et le faisait changer de place et de costume avec le susdit cocher. Il laisserait les chevaux s'emporter, briserait la voiture, casserait la tête à madame et la sienne aussi. Pourquoi ? C'est que, placé sur le siége, il se trouverait subitement investi de droits dont il ne saurait pas remplir les devoirs.

Je puis dire aussi ce qu'eussent fait certains petits messieurs, qui essayaient de soulever une certaine lourde couronne pour se la mettre sur la tête. Un hercule vient à passer, le peuple la lui donne, il se la pose sur l'oreille et la porte aussi lestement que si elle était de papier peint. Ces petits messieurs, s'ils avaient réussi, auraient fait absolument comme le gamin : ils auraient laissé les chevaux prendre le mors aux dents et auraient tout cassé. Pourquoi ? Même réponse : parce qu'ils se seraient trouvés à une place dont ils n'étaient pas de taille à remplir les devoirs.

Appliquons le principe à trois peuples qui suivent trois routes différentes : les États-Unis, avant mars 1861, celle de gauche, l'Angleterre celle de droite, et la France celle du centre.

Aux États-Unis on a donné des droits égaux, partant de l'idée que tous les hommes sont égaux.

Idée fausse, car il y a autant de différence entre les diverses intelligences des hommes, par conséquent entre les devoirs qu'ils peuvent remplir, qu'il y en a entre les diverses plantes du règne végétal. Sans doute, toutes les plantes et tous les hommes ont également un certain droit : le droit d'être, lequel droit comporte celui d'avoir ce qui est nécessaire à l'existence de ce qui est en nous. Mais ce qui n'y est pas n'a pas de droit. Le brin d'herbe a autant que le chêne le droit d'être; il a par conséquent droit aux cinq lignes cubes de terre qu'il lui faut pour ses racines; mais il n'a pas droit à en avoir cinquante pieds comme le chêne, parce que ses racines n'ont que cinq lignes de long, et que l'excédant de racines qui existe chez le chêne n'existe pas chez lui, et, n'existant pas, n'a pas de droit.

Prendre de la terre nécessaire au chêne pour la donner au brin d'herbe, à qui elle est inutile, est donc commettre une injustice aux dépens du chêne, qui se trouve, lui, grand, fort, pouvant être plus utile à la société que le brin d'herbe, n'avoir pas plus de droit.

Qu'est-il résulté du fait de donner ainsi à ceux que Dieu a faits petits d'intelligence, et qu'il a faits tels parce qu'il faut des petits, des moyens, des grands, pour faire les petites, les moyennes, les grandes choses de notre monde, — toute culture, toute éducation, toute institution sociale ou politique qui, au lieu de favoriser, embarrasse l'exécution de sa volonté à cet égard, est mauvaise — qu'est-il résulté de leur avoir donné plus de droits qu'ils ne peuvent remplir de devoirs, et ce aux dépens de gens nés grands et capables de remplir de grands devoirs? Souffrances pour les deux, et toujours parce que les droits ne sont pas proportionnés aux devoirs. Les grands, les hommes-chênes, n'ayant de place ni pour leurs racines ni pour leurs branches, ne pouvant pousser par en haut, sous le linceul de plomb de l'égalité étendu sur tout et s'épaississant chaque année de plus en plus, ont poussé par en bas, en profondeur, et sauveront un jour le pays et ses morceaux, ou plutôt celui (Nord) de ses morceaux qui est en danger de tomber en poussière.

Les petits, les brins d'herbe, ont poussé drus et raides comme des baïonnettes, un peu plus grands, un peu plus forts, il est vrai, que dans d'autres pays, inutilement ainsi pour eux-mêmes et pour la société ; mais ils sont dévorés par des plantes parasites, *politicians* et autres, qui, ne pouvant atteindre, elles non plus, la hauteur que Dieu leur destinait, se sont, sous le susdit plomb de l'égalité, ouvertes comme de colossals champignons malfaisans, au-dessus de la tête de ces pauvres brins d'herbe, les ont empoisonnés de flatteries et autres émanations délétères, et vivent à leur dépens.

En Angleterre, c'est tout l'inverse. On a bien sans doute en principe reconnu le droit d'être à ce qui est. Les hommes, en théorie, y ont droit à l'espace et aux choses necessaires à leur existence. Ils y sont, en d'autres termes, égaux devant la loi ; ils y sont, même en pratique, égaux ou à peu près égaux devant les tribunaux. Mais, de fait et en rèalité, ce droit d'être et cette égalité n'existent pas pour une partie de la population, parce que à diverses époques un certain petit nombre de personnes y ont obtenu des droits, un espace de terre, trop considérables. Ces personnes, de formidables porte-épées ou d'adroits courtisans du roi ou du peuple, suivant les circonstances, méritaient sans doute et ces droits et cet espace à l'époque où ils les obtinrent, parce qu'ils étaient alors supérieurs au reste de la population, qu'ils remplissaient des devoirs et possédaient des qualités, la force physique ou la ruse, nécessaires aux temps où ces droits et cet espace leur furent acquis.

Mais ces droits et cet espace ont été perpétués à leurs descendants et représentants, qui, généralement parlant, n'ont pas su conserver cette supériorité, et ni ne possèdent les qualités que l'on requiert aujourd'hui de ceux qui gouvernent, ni ne remplissent les devoirs proportionnés aux droits qu'ils ont et à l'espace qu'ils occupent dans le pays.

Ces devoirs devaient donc être et sont effectivement remplis par d'autres personnes qui elles n'ont pas et ne peuvent avoir des droits et un espace proportionnés à leur mérite et aux grands devoirs qu'elles remplissent. Il y aurait alors souffrance pour elles, n'était qu'elles réussissent à peu près à obtenir les droits et se faire la place qui leur sont nécessaires; mais ce non aux dépens de ceux qui sont au-dessus d'elles, mais aux dépens de voisins moins forts, qui à leur tour font de même de ceux plus faibles qui sont au-dessous. Cela descend ainsi jusqu'aux tout petits, qui, refoulés, écrasés, n'ayant plus l'espace et ne pouvant se procurer les choses nécessaires à leur existence, souffrent la faim, malgré les efforts faits et les nombreuses charités distribuées pour l'empêcher, ou sont forcés d'émigrer dans d'autres pays; injustement forcés, car tout autant que le reste de cette industrieuse race anglo-saxonne ils remplissent au mieux de leurs forces corporelles et intellectuelles les devoirs de travail respectivement assignés à chacun de nous en ce monde. Le droit d'être, d'être dans leur terre natale, ne peut donc leur être enlevé sans injustice. C'est cependant de ce droit, le premier, le plus grand, le plus saint de tous, que bon nombre sont privés. Ici encore souffrance, et toujours pour la même raison, parce qu'ici encore les droits des divers membres de la société ne sont pas proportionnés aux devoirs remplis.

Le système anglais est toutefois préférable au système américain, non pas parce qu'ici ce sont les petits qui souffrent et là-bas les grands, mais parce qu'il se rapproche infiniment plus du modèle que Dieu nous donne dans le règne végétal pour nous aider à rendre nos institutions ce qu'elles doivent être.

Dans un pays, comme dans un paysage, il vaut mieux avoir de faux grands hommes ou de faux chênes que pas du tout. Aussi, les choses, en Angleterre, ont-elles eu et devaient-elles avoir infiniment plus de durée qu'aux États-Unis, qui n'offraient plus à l'œil, depuis quelques années, qu'une vaste prairie de grandes herbes remplie de plantes malfaisantes, et çà et là de chétifs arbustes représentant une éphémère aristocratie d'argent, ce qu'il y avait de bon dans le pays restant perdu dans la foule.

En France, c'est encore autre chose. Après n'avoir été pendant des siècles qu'à l'état de troupeau, elle s'est jetée sur toutes espèces de droits politiques possibles et impossibles. Ce qui nous vaut aujourd'hui l'agrément d'avoir les oreilles abasourdies de droits de l'homme, sans jamais avoir le plaisir d'entendre quelquefois parler de ses devoirs. Elle s'en est littéralement gorgée jusqu'au menton. Cette insatiable gourmandise a toutefois eu un avantage, car, grâce à elle, la France a fait une découverte qui vaut bien celle du balancier anglais, le principe de l'égalité devant la loi et de l'inégalité devant le mérite, que seule elle a jusqu'ici su faire passer de la théorie dans la pratique. Aussi est-elle la première née, l'unique nation encore, les autres n'étant que des troupeaux, qui resteront troupeaux tant qu'elles n'auront pour les diriger que des bergers qui, au lieu de devoir leurs fonctions à leur mérite, les devront soit au caprice populaire se manifestant par le suffrage universel mis à toutes sauces, et se vautrant dans les cabarets, comme aux États-Unis, soit à la naissance et à l'influence de famille, comme en Angleterre et autres pays.

La France est la seule encore qui ait pour la conduire ceux que Dieu veut qu'une nation ait, ceux que leur intelligence rend dignes de leur poste; la seule où l'enfant naisse, que ce soit au milieu des haillons du pauvre ou des dentelles du riche, ayant dans son berceau, suivant le germe intellectuel qu'il porte en lui et suivant son industrie à le faire fructifier, les galons de sergent ou le bâton de maréchal, le portefeuille de ministre ou le calepin de commis, le bonnet carré de l'abbé ou la barrette du cardinal.

En Angleterre, ils n'ont encore, sous ce rapport, que du similor, malgré la beauté de la *forme* de leur gouvernement, forme, extérieur, apparence, auxquels se sont arrêtées tant de personnes qui, de bonne foi, le proposent comme le modèle par excellence. L'homme s'y élève sans doute socialement par son mérite, mais politiquement, jamais, ou pour occuper à la Chambre des lords les quelques places que les pairs de naissance ne sauraient remplir, vu l'épaisseur des ténèbres de la jurisprudence anglaise. Les rares exceptions à cette règle ne font qu'en prouver la généralité. Il en est de même des trois quarts de la chambre des Communes et des autres fonctions publiques du royaume.

Mais le désavantage et le résultat fâcheux de cette

gloutonnerie de la France a été qu'elle a avalé plus de droits politiques qu'elle ne savait remplir de devoirs. Aussi en a-t-elle attrapé une indigestion et lui a-t-il fallu dégorger.

Elle a successivement perdu le droit de parler dans une Chambre représentative. Pourquoi? Parce qu'elle ne savait pas y remplir le devoir du silence. Elle a elle-même tué ce droit avec ses couteaux de bois. On l'a dit, mais c'est bon à répéter parce que c'est vrai. Pour les lui ôter des mains, ces couteaux liberticides, qu'a-t-on fait dans le temps? De grandes phrases où l'on était invité, autant que je me rappelle, à « entasser certaines choses qui n'atteindraient cependant jamais à la hauteur » prodigieuse de je ne sais trop quoi encore, au lieu de tout bonnement voter au budget une somme suffisante pour acheter à la foire voisine des mirlitons, petits tambours et autres, de quoi en distribuer à casser à ces enfants terribles de la politique.

Si on le lui a rendu, ce droit, ce ne n'est pas qu'elle s'en montre encore, malgré la leçon, beaucoup plus digne, mais c'est qu'on n'apprend à nager qu'en nageant, à se taire et parler à son tour, qu'en se taisant et parlant à son tour.

Puis, perdu en partie le droit de donner dans la presse son opinion au gouvernement. Pourquoi? Parce que cette presse ne voyait dans le gouvernement du pays qu'un *pion* de collége, qu'on attaque sans crainte s'il est faible, en tremblant s'il est fort, mais qu'on croit de son droit, de son devoir, d'attaquer toujours et quand même, quoi qu'il fasse et quoi qu'il dise.

Elle a justement, naturellement, nécessairement perdu ce droit, et ne sera digne de le recouvrer que lorqu'elle restera bien convaincue que quiconque, peuple ou particulier, ne remplit pas ses devoirs de respect, que ce soit par ignorance ou par jeunesse politique, envers ce qui est respectable, — ceux qui remplissent fidèlement leur mission sur cette terre le sont tous, que ce soient des têtes couronnées ou des têtes à ailes de pigeon, de jeunes savants ou de vieux chiffonniers, de braves soldats ou d'honnêtes épiciers ; — que quiconque, dis-je, néglige cet indispensable devoir politique et social, perd lui-même tout droit au respect des autres, cesse de le mériter et cesse bientôt de l'obtenir.

Qu'on essaie de cette règle, et l'on en verra l'universalité. La dimension exacte des droits politiques et sociaux à accorder à chacun, peuple, classe ou individu, doit se mesurer *à la ligne* par les devoirs que ce chacun remplit. La liberté, la sécurité, la vie des nations, ne sont qu'à ce prix ; qu'elles le comprennent donc enfin, car elles sont tombées, tombent et tomberont encore faute de s'en convaincre.

Après 89, il était sans doute naturel à la France de penser d'abord à ses droits; mais elle ne serait pas la

France intelligente qu'elle est, si elle ne se mettait bientôt à songer aux devoirs qui leur correspondent.

Elle, la plus spirituelle des nations, a certes plus d'esprit qu'il ne lui en faut pour comprendre que parler tous ensemble, c'est s'enlever tyranniquement à soi-même le droit de la parole, tout aussi tyranniquement que l'enlèverait le despote qui accorderait des Chambres à son peuple, mais qui ferait battre la caisse durant les délibérations ; parce que le droit de la parole consiste dans le double droit de parler et de se faire écouter ; assez de sens commun pour comprendre qu'une Législature requiert pour le moins autant de décorum qu'une Cour de justice, où les avocats sont tenus de plaider leurs causes l'un après l'autre.

Qu'elle aille toutefois de l'avant à sa manière et sans jamais songer à copier personne, s'inspirant toujours de son propre génie, mais cependant, et en attendant que les peuples entre-échangent plus amicalement leurs idées, ne fermant pas quand même l'oreille à ceux qui, de par le monde, l'aiment et s'intéressent à sa marche, et qui, la suivant des yeux, voient quelquefois de loin dans leur ensemble des choses qui échappent à ceux qui sont plus rapprochés.

Elle est dans la bonne voie, celle du milieu, celle qui se rapproche le plus de la grande route du progrès que suit l'humanité. Si elle remplissait ses devoirs politiques aussi bien qu'elle connaît ses droits, elle irait trop vite, distancerait les autres, et c'est ce qu'il ne nous faut pas.

Elle est dans la bonne voie, quoi qu'on en dise, celle du mérite, celle de l'aristocratie de la force intellectuelle, avec tout son cortége de grandes et nobles actions, indubitablement destinée à remplacer partout l'aristocratie décrépite de la force physique..... de l'ancêtre, et sa suite habituelle de honteux procédés et de pitoyables roueries.

Elle est dans la bonne voie, celle que baptiseront un jour du nom glorieux qui lui revient les nations reconnaissantes; celle dont elles auront toutes à se rapprocher, entraînées par des locomotives dont nos arrière-petits-neveux feront quelque chose de superbe, en prenant ce qu'il y a de bon et laissant ce qu'il y a de mauvais dans les trois machines gouvernementales française, anglaise et américaine : « L'égalité devant la loi et l'inégalité devant le mérite », d'origine française; « le balancier » anglais; « le laissez faire » américain, principe dont on a abusé aux États-Unis, mais qui, employé là et quand il doit l'être, est une excellente chose pour le travail et le progrès des peuples.

Il dépend de nous, uniquement de nous, d'obtenir et la route et la locomotive, mais nous n'aurons les deux qu'autant que nous remplirons nos devoirs politiques et sociaux.

Réclamer ses droits politiques quand on n'en a pas assez, comme en Angleterre; en faire abandon quand on en a trop, comme en France; les mieux répartir quand ils sont injustement distribués, comme aux États-Unis, est *un devoir*, et le plus difficile de tous à remplir, car il exige des peuples la connaissance la plus difficile de toutes à acquérir : la connaissance de soi-même. Aussi n'est-ce qu'à force de misères, de barricades, de guerres civiles, que Dieu parvient à leur faire acquérir cette connaissance et remplir ce devoir.

Demander des droits à l'infini pour la race noire, quand notre propre race, après soixante siècles de labeur corporel et intellectuel, n'a encore su comparativement en obtenir ou en retenir que si peu, me paraît de la folie. Examinons toutefois quels droits on pourrait donner à ces grands enfants, car, amant passionné de la liberté, je ne voudrais refuser à personne ce dont je ne saurais me passer moi-même. Nul ne regarde dans l'avenir la perfectibilité humaine avec plus de confiance que moi; mais nul aussi, en regardant dans le passé et le présent, n'est plus convaincu que ce n'est que par des efforts incessants, par des devoirs fidèlement accomplis, que les peuples conquièrent ou conservent leurs droits. A des peuples qui n'ont encore accompli aucun de leurs devoirs, pas même celui du simple travail du corps, à ces corps presque sans le moindre bout de racine intellectuelle, je ne vois pas d'ici, je l'avoue, quels droits politiques ou sociaux on pourrait donner. Mais cherchons :

« Le droit d'aller et de venir à la poursuite du bonheur » ? Ce droit, nous ne l'accordons à nos enfants blancs qu'après leur majorité. Leur raison, dans les quatre, cinq, six années qui la précèdent, est cependant certes bien au-dessus de celle de nos enfants noirs. Voyons toujours ce qu'ils en feraient. Ils en profiteraient assurément pour aller se recoucher dans l'oisiveté. Ils en ont le droit? Non, la logique le leur défend, à moins qu'ils n'aient raison d'aller de ce côté-là pour arriver au bonheur. Si le chemin de l'oisiveté mène au bonheur, c'est qu'alors le chemin du travail que nous suivons n'y mène pas. Comme, nous aussi, nous avons le droit et la volonté d'y aller, prenons donc alors la route que suivent les nègres. Mais si la route de l'oisiveté est la bonne, comment se fait-il qu'elle les ait, chez eux, menés à tous les maux du cruel esclavage qu'ils endurent en Afrique? Si la route du travail est la mauvaise, comment se fait-il qu'elle nous ait constamment valu une augmentation de droits, qui nous vaudront un jour toute la liberté, et avec la liberté tout le bonheur dont l'humanité soit susceptible? Il faut donc que notre route soit la bonne, et que celle que voudrait prendre le nègre, en allant se recoucher, soit la mauvaise. Il n'a pas assez d'esprit pour savoir qu'il se trompe de chemin; ce qui n'est guère étonnant quand tant de blancs à intelligence de nègres tombent dans la même erreur. Il ne le sait pas; c'est à nous à le lui enseigner et à lui faire suivre la même route que nous : celle du travail, celle du devoir, qui conduit là où tous les hommes veulent et doivent aller, au bonheur, à la liberté.

« Le droit d'exprimer et d'imprimer ses opinions » ? Mais pour cela il faudrait en avoir, des opinions, et en fait d'opinions le nègre n'en a d'autres que celles qui concernent ses besoins corporels, comme nous le dit le révérend Livingstone, et n'en peut avoir d'autres, comme je l'ai démontré plus haut, et comme je le répète, afin que tous y repensent encore une fois et en restent bien convaincus.

La civilisation de la race noire par l'éducation directe de l'intelligence, celle que nous donnons à nos enfants, n'est pas possible, parce qu'en Afrique, chez elle, les grands ne voudraient pas aller à l'école; le voulussent-ils, ce serait inutile, car après un certain âge on n'apprend plus à lire et à écrire ; parce qu'ils ne laisseraient pas leurs enfants y aller, comme le prouve la difficulté qu'on a d'obtenir des parents, dans nos basses classes, de permettre aux leurs de recevoir un peu d'instruction. Les laissassent-ils y aller, les magisters que nous enverrions en Afrique, soit dans l'intérieur, soit sur les côtes, y tomberaient malades ou y mourraient. N'y mourussent-ils pas, l'éducation donnée aux enfants se perdrait dans l'oisiveté, où ils retomberaient sous le mauvais exemple des parents.

L'éducation indirecte de l'intelligence par le travail du corps, l'éducation naturelle à l'homme, celle qu'a originairement reçue la race blanche et qui lui vaut ce qu'elle est aujourd'hui, est la seule qui nous reste pour attirer la race africaine sur le chemin de la civilisation. Cette éducation, qui ne fait que de commencer, n'a pas encore donné des fruits suffisants pour que la race noire ait des opinions sur autres choses que sur des choses purement matérielles, auxquelles les maîtres pourvoient amplement; opinions qui tourneraient, entre autres sujets intéressants, sur le mérite relatif du *Gombo* et du *Calalou*, sujets qui n'obtiennent dans nul pays, que je sache, les honneurs de l'impression quotidienne.

Laissons ces écrivassiers à leurs impraticables, à leurs absurdes idées, et admettons ce que l'on doit admettre, qu'il y a sans doute encore des abus dans l'esclavage. Mais où, répondez, dans quelle institution humaine, n'y en a-t-il pas? Faudrait-il cesser de mettre la femme sous la dépendance de l'homme, abolir le mariage, parce qu'il y a de mauvais maris? la propriété, parce qu'il y a de coriaces propriétaires? l'éducation, parce qu'il y a de brutaux et stupides pédagogues? Faudrait-il l'abolir même s'il convenait à de certains fous d'envoyer les enfants à l'école empilés les uns sur les autres dans des omnibus comme des charretées de bois, d'où il résulterait toute espèce d'accidents et de malheurs? Non, sans doute, cela n'affecterait en rien l'indispensabilité de l'éducation et n'exigerait simplement que l'adoption d'omnibus commodes, comme ceux, par exemple, de la pension Aubert-Savary, que l'on voit circuler matin et soir dans les rues de Paris.

Mais ce qui prouve qu'il y a aussi peu d'abus dans notre système d'esclavage que dans quelque institution que ce soit jusqu'ici fondée par l'homme ; ce qui prouve que notre population de couleur, libre ou esclave, est heureuse chez nous; ce qui le prouve plus victorieusement que je ne parviendrais à le faire, eussé-je l'éloquence de Démosthènes multipliée par celle de Cicéron, remultipliée par celle de Mirabeau, c'est le FAIT, entendez-vous, le fait qui vous colle au visage vos sales calomnies abolitionistes, le fait que nos esclaves, depuis la guerre, sont restés tranquillement au travail sous la seule surveillance de nos femmes, de nos tout jeunes enfants et de nos tout vieux vieillards; — tout jeunes ou tout vieux, car tous ceux qui sont assez forts pour soulever une carabine sont dans les rangs de ceux qui défendent le pays;— c'est le fait de l'enthousiasme avec lequel nos affranchis ont offert leur sang à la patrie; c'est le fait qu'avec ces quatre millions d'esclaves, ces deux cent soixante mille affranchis, tous ces prétendus ennemis parmi nous, nous avons, NOUS, osé cette guerre contre des forces doubles des nôtres.

Ces faits, pour quiconque n'est pas totalement dépourvu d'intelligence ou n'est pas payé pour n'en point avoir, ces faits parlent assez haut, et pour eux et pour nous, pour qu'il soit inutile de dire un mot de plus sur les relations réelles qui existent dans le Sud entre nous et la race africaine.

Votre Majesté pourrait peut-être dire ici : « Allons, vous semblez encore avoir raison ; mais enfin, il n'y a pas de fumée sans feu. — C'est vrai, Sire, il n'y a pas de fumée sans feu, et le feu qui est chez nous ne s'est pas allumé tout seul ; mais ce n'est, certes, ni nous ni nos esclaves qui l'avons allumé. — Qui donc ? » ....

....

Convaincu qu'il est dans la vie des peuples des moments sérieux où ils se doivent de s'entre-dire franchement toute la vérité, et que nous sommes dans un de ces moments, j'avais l'intention de répondre pour moi et en mon nom personnel à cette question, de dire, sans faiblesse comme sans colère, à l'Angleterre, à la France et aux Etats du Nord, la vérité sur leur conduite respective à notre égard, distinguant dans cette croisade dirigée contre nous la part prise par chacun, aristocratie et presse, peuple et gouvernement ; de montrer notamment comment la France, sous un faible monarque qui y avait perdu et mérité de perdre son trône, s'était, sur la question de l'esclavage comme sur tant d'autres, laissé mettre à la remorque de l'Angleterre, place secondaire qui ne lui convient pas et qu'il ne convient pas aux peuples qui suivent de lui voir jamais prendre.

Je me proposais de faire voir quelle avait été, en retour de ces mauvais procédés, la conduite du Sud, avec quel courage, — courage dégénérant malheureusement quelquefois en violence, — avec quelle fidélité, avec quelle persévérance, il avait, malgré tous, rempli ses devoirs envers tous, envers Dieu et lui-même, et la race blanche et la race noire.

Sachant que certains nous blâment de nous être, sans motifs, disent-ils! séparés des Etats du Nord, je me proposais de montrer comment le parti abolitioniste, quoique peu nombreux aux Etats-Unis, — il forme tout au plus un vingtième des votants, —avait, par ses intrigues et en exploitant avec habileté la vanité, la cupidité et autres viles passions d'une multitude corrompue, réussi à placer le Sud dans une position telle qu'il ne lui était plus possible de rester dans l'Union, dans cette Union qui promettait tant alors qu'elle était dirigée par les hommes éminents dont l'histoire a conservé les noms, noms glorieux dont le Sud, quoique deux fois moins peuplé que le Nord, fournit les deux tiers, différence qu'explique tout naturellement la différente origine des deux populations.

Je me promettais d'indiquer quelles étaient, outre la question de l'esclavage, les principales raisons qui avaient engagé les Etats du Sud, dans la plénitude de leur souveraineté à cet égard, à exiger la dissolution de la société politique qui les unissait aux Etats du Nord, et comment, n'ayant pu l'obtenir pacifiquement, le Sud entier, et avant tous, dans le Sud, les plus nobles cœurs et les plus belles intelligences, en était arrivé à la détermination de déchirer de son épée un contrat journellement violé par ses coassociés et de rompre enfin une Union formée jadis avec peine et par crainte seulement de l'Angleterre, mais aujourd'hui méprisée autant que détestée, et jugée aussi désastreuse pour nos intérêts particuliers que pernicieuse pour la moralité des peuples (1).

(1) Afin de tarir, si possible, les larmes de certaines bonnes gens en Europe qui voient encore les États-Unis tels qu'ils étaient au temps de Washington et de Lafayette, et qui, prenant le laissez-faire américain pour de la liberté, sont assez simples pour se figurer que la sainte cause de celle-ci en ce monde dépendait en quelque sorte de la durée de notre Union, je donne ici la traduction d'un passage des délibérations du Sénat, session de 1859-60. Cette citation servira à plusieurs choses, j'espère :

1° A leur permettre d'entrevoir que la partie saine du peuple n'était peut-être pas sans de bonnes raisons pour désirer un changement dans l'état des choses ; 2° à les rassurer sur l'avenir de la liberté, car je présume qu'ils savent que cette belle plante ne croît pas dans la boue ; 3° à leur faire voir combien peu ils comprennent les États désunis, en leur montrant combien peu nos transatlantiques Saxons comprennent la France : ignorance réciproque et qui fait qu'ils n'ont rien à se reprocher.

« M. Toombs. Nous parlons de la corruption du Mexique, de l'Espagne, de la France et autres gouvernements, et cela avec raison au dire de tous ; mais pour moi, et d'après mon expérience et mes observations, qui sont considérables sur ce point, je ne crois pas qu'il y

Pénétré de l'intime conviction qu'un peuple n'atteint à la vraie grandeur et n'arrive à mériter le respect d'autrui que par la considération dont il entoure ses grands hommes, par la déférence avec laquelle il suit leurs conseils, je me promettais d'engager le Sud à ne jamais perdre de vue l'avis que nous donnait le plus profond penseur de tous ceux dont le Ciel nous a gratifiés, John C. Calhoun, alors que, dans des discours éblouissants d'éloquence et de clarté, il nous démontrait la nécessité de défendre sur la frontière la question de l'esclavage contre les incessantes attaques des abolitionistes du Nord. Je me promettais de démontrer qu'il y avait de même nécessité aujourd'hui, et nécessité bien plus grande, de résister à la propagande anti-esclavagiste que dirigent encore contre nous l'Europe en général et l'Angleterre en particulier; qu'ayant le bon droit de notre côté, il est de notre devoir de ne pas reculer d'une semelle, de persévérer, sans peur et sans reproche, jusqu'au bout; de ne rien faire, de ne rien dire qui puisse passer pour la moindre concession à l'opinion publique sur ce point; que nous avons raison, que l'Europe a tort, et qu'elle

ait aujourd'hui sous la calotte du ciel un gouvernement aussi corrompu que celui des États-Unis.

« M. Hale. — Ni moi non plus, je ne le crois pas.

« Plusieurs Sénateurs. — C'est parfaitement vrai.

« M. Toombs. — Et cette corruption se rencontre particulièrement dans ses Chambres législatives » !

sera avant peu, avant bien peu de temps, obligée de l'avouer; que faire autrement serait peut-être de la diplomatie, mais de la mauvaise à coup sûr.

Je me proposais de faire voir de quel avantage il était pour le monde que le Sud cessât d'être régi par cette populace du Nord, qui, sans l'habiter ni le comprendre, avait cependant, par le fait de la majorité qu'elle avait acquise depuis quelques années dans nos deux chambres, conquis le pouvoir de faire de ce bon et tranquille pays de nos pères un enfer pour nous et les nôtres, et de ce vaste entrepôt de denrées coloniales, suffisant presque à lui seul à la consommation de nos deux continents, un instrument d'oppression commerciale et de menace perpétuelle contre l'Europe, dont elle se complaisait, dans sa brutale ignorance et sa sotte vanité, à *taureauniser* les manufactures, et par elles les gouvernements.

Je me promettais d'essayer de faire comprendre à tous combien il serait désirable pour tous que les richesses agricoles de notre pays restassent confiées aux mains seules de la population qui l'occupe, population suffisamment guerrière pour les pouvoir défendre, suffisamment clair-semée, vu la chaleur du climat, pour ne jamais être dangereuse comme puissance agressive, suffisamment intelligente pour se maintenir à la hauteur de toutes les questions d'économie politique, et pour être bien convaincue, notamment, que l'éperon de la concurrence est aussi nécessaire à l'agriculture qu'à toute autre autre industrie.

« Faites de votre colonie des Grandes-Indes, aurais-je dit à l'Angleterre, tout ce que le travail de l'homme peut en faire ; fouillez le monde entier pour obtenir les cotons dont vos manufactures ont besoin ; que l'Egypte, les Antilles, l'Amérique centrale, le Vénézuela, le Paraguay, le Brésil, le Pérou, l'Australie, les îles du Pacifique, l'Afrique entière, entrent dans la lice comme pays producteurs et nous obligent à de nouveaux efforts pour conserver notre suprématie d'aujourd'hui. Il n'est pas probable que nous la perdions jamais, car il n'y a rien de trop, rien d'inutile dans la nature ; et si nos terres peuvent à elles seules suffire à la consommation cotonnière présente et future de l'Europe et de l'Amérique septentrionale, vous découvrirez que l'Egypte, les Antilles, etc., soit à cause d'un climat trop chaud ou trop froid, trop sec ou trop humide, soit à cause de leur position géographique ou des orages si fréquents dans les pays tropicaux, soit pour toute autre raison, sont plus ou moins impropres à la culture du coton et plus ou moins incapables de lutter avec nous. Mais que cette crainte ne vous arrête pas, car, si vous ne trouvez pas dans ces contrées ce que vous cherchez, vous y découvrirez, à l'état sauvage, d'autres produits encore inconnus, dont vous enrichirez l'industrie ; vous réduirez au travail des populations qui ont jusqu'ici vécu dans l'oisiveté; vous leur enseignerez la décence, leur ferez porter chemises et culottes, Messieurs de Manchester, et leur ferez comprendre, une fois que vous l'aurez bien compris vous-mêmes, que Dieu veut *aujourd'hui* que tous les hommes travaillent et que toute la terre soit travaillée par eux.

« Nous aussi, aurais-je ajouté, dans notre fol orgueil, désirons être indépendants de vos manufactures, tout autant que vous-mêmes désirez l'être de notre agriculture; mais tous tant que nous sommes nous barbottons dans l'erreur et formons de vains désirs, car Dieu, — c'est encore un de ses moyens pour pousser l'humanité sur la route du progrès, — a éparpillé sur la terre les choses nécessaires aux hommes et a assigné des productions spéciales à chaque localité, de manière à rendre infructueuse toute concurrence humaine, afin de forcer les peuples à faire connaissance, à s'entr'aider, à s'apprécier, et à en arriver enfin à tous les superbes résultats énumérés plus haut. »

Par un raisonnement bien simple à faire, et par des chiffres bien faciles à aligner, qu'à mon arrivée en Europe j'avais été chercher à Manchester, je me proposais de démontrer que les Grandes-Indes, l'Égypte et autres pays ne pourraient fournir à temps le *stock* nécessaire pour épargner à l'Europe la disette de coton dont elle est menacée, et je me promettais de ne répondre aux arguments de ceux qui mettraient en doute la justesse de mes conclusions qu'en les invitant à employer leurs économies, grandes ou petites, à l'achat des 50,000 balles qui, aux dernières nouvelles reçues de Calcutta, attendaient encore en vain des acquéreurs.

Je me proposais de montrer dans quelle désorganisation profonde se trouve ce peuple des États du Nord, désorganisation non moins complète que l'indiscipline de ce ramassis d'hommes qu'il décore du nom d'armée; cette soi-disant armée, sans officiers et aussi sans soldats, qui ne peut aller ni à droite ni à gauche, et qui ne réussit qu'à reculer alors qu'elle essaye de se porter en avant; ce peuple dont la ridicule vanité de nouvel enrichi, entée sur l'orgueil anglo-saxon de la mère-patrie, est devenue une véritable folie, qui l'empêche de voir les choses les plus évidentes, entre autres que le seul fait d'avoir abandonné la caisse de cette armée à la merci d'un commissariat composé de tout ce que le Nord, fameux par ses *financiers*, contient de plus remarquable dans l'espèce, suffirait à lui seul pour l'empêcher de sauver ce que pour le public européen il nomme « l'Union » tout court, mais ce qui pour lui veut dire le territoire intégral de l'Union, territoire qu'il a, comme un spéculateur émérite, évalué, et pour lequel il est prêt à verser des flots d'or, de papier, et même de sang, tant l'amour du gain est capable de lui faire faire d'étonnantes choses.

Je n'ai pas de conseils à lui donner; mais je me proposais de l'engager, au cas où il réussirait, au moyen de ses baïonnettes, à rétablir l'Union, l'Union qui se composait jadis d'un sentiment et d'un fait; je me proposais, dis-je, de l'engager fortement à prendre de suite un brevet d'invention pour le domptage des associés récalcitrants.

Je me promettais aussi de faire voir comment ce peuple, en train d'être complétement ruiné et littéralement dévoré par ses *politicians*, abolitionistes et autres intimes, en était déjà arrivé non-seulement à n'être plus dangereux pour personne, pas même pour nous, mais au point de devoir sous peu requérir l'assistance des autres, si Dieu ne se hâte de lui envoyer un de ses médecins pour le sauver de la mort politique qui l'attend. Les myriades de sangsues dont il est couvert et toutes les abondantes saignées faites à sa bourse ne peuvent toutefois, en attendant, que lui faire du bien, surtout à sa pauvre tête, qu'il faut avant tout dégager, car elle est bien malade, comme le monde civilisé ne tardera pas à s'en convaincre, de même que non plus il ne tardera pas à s'étonner d'avoir pu si longtemps prendre au sérieux les fanfaronnades, rapsodies et autres divagations d'un pareil peuple.

Je me proposais de démontrer à l'Angleterre et à la France qu'elles se devaient à elles-mêmes et aux autres, en premier lieu, de profiter de la guerre ignoble et grotesque que nous fait le Nord, — excellente mais véritable parodie de la manière dont on se bat encore, — pour voir et faire voir à tous ce qu'ont d'indigne de notre civilisation et de ruineux pour tous ces guerres faites aux choses autant qu'aux hommes, afin d'obtenir que les peuples cessent désormais, tant sur mer que sur terre, de se battre commercialement, pour ne plus le faire que militairement, et règlent à l'avenir leurs différends comme des gens comme il faut, et non plus comme des colporteurs juifs qui, dans leurs batailles de rue, se tiennent aux cheveux d'une main, et de l'autre détruisent réciproquement le contenu de leurs éventaires. C'est triste et peu flatteur à s'avouer, mais c'est là que nous en sommes encore dans nos guerres maritimes.

Toutefois, pour en arriver là, il faudrait tellement chavirer et bouleverser de fond en comble ce pauvre vieux droit des gens, qu'il serait peut-être plus court de tout abattre et de construire à neuf.

Démolir ce bon vieux droit, ses coutumes surannées et ses poussiéreux et poussifs dossiers, serait en vérité dommage ! car tout ça nous va, à nous et à nos besoins présents, tout aussi bien qu'iraient à nos industrieuses personnes les brassards, cuissards et perruques du règne de Louis XIV.

Faire un Code international où les droits et les devoirs des peuples, tant en paix qu'en guerre, belligérants et neutres, se trouveraient clairement et méthodiquement définis, serait bien glorieux, et cependant bien simple. Et tout en passant je me proposais d'indiquer l'idée fondamentale sur laquelle ce Code devait, suivant moi, s'élever.

Mais tout cela prendrait du temps, plus de temps que l'urgence des circonstances présentes ne saurait en accorder.

Ennuyé de rencontrer ici, embarrassant de leurs idées fausses et de leur sempiternel rabâchage la confection de ce Code, certaines gens qui se croient dans le progrès tandis qu'ils ne font jamais qu'en obstruer la route, et qui, ne sachant rien de l'homme, ne veulent pas le laisser tel que Dieu l'a fait, je veux parler de ces doctrinaires de la paix à tout prix que depuis vingt ans l'on rencontre partout, je me proposais de m'amuser à leur faire tomber sur la tête le frêle échafaudage de leurs sublimes enseignements, en les obligeant à reconnaître eux-mêmes la nature de l'erreur qu'ils commettent alors qu'ils fulminent leurs prédications contre la guerre, au lieu de les diriger contre la cupidité, l'insolence et autres viles ou ridicules passions des peuples, d'où elle surgit entre eux; en leur faisant voir qu'ils s'en prennent à l'effet au lieu de s'en prendre à la cause, au remède, remède terrible, il est vrai, mais nécessaire, au lieu de s'en prendre au mal lui-même; qu'ils se trompent aussi grossièrement et de la même manière que les abolitionistes qui s'attaquent à l'esclavage, qui est le moyen de guérison, au lieu de s'attaquer à la paresse de la race noire, qui est la maladie à combattre; que tous tant qu'ils sont, apôtres de droits égaux ou de paix quand même, ils sont gens de la même farine, à mettre dans le même sac, petits cousins germains élevés à la même petite école de petites idées bien étroites et bien fausses, de grands airs bien sages et de grands mots bien ronflants; mais que le temps n'est pas loin où le monde sera débarrassé d'eux et de leur petit bagage, et pour jamais, il faut bien espérer.

Je me proposais d'adresser ces observations et les suivantes plutôt à l'Angleterre qu'à la France, parce que la France, cette France intelligente et généreuse que les peuples les plus lents d'esprit finiront bien enfin par comprendre et par aimer, n'a pas besoin qu'on l'éperonne pour marcher dans la voie des nobles pensées, tandis que l'Angleterre, dont les hommes d'Etat, à quelques rares exceptions près, ont jusqu'ici tenu pour niaiserie tout sentiment en politique, — s'ils ont raison, à quoi donc sert ce cœur que Dieu fait battre dans nos poitrines? — tandis que l'Angleterre, dis-je, a plus que toute autre contribué à maintenir sur mer ces guerres faites aux choses, quoiqu'elle soit de toutes la plus intéressée à les faire cesser; oui, quoique la plus forte sur mer, la plus intéressée, car ses manufactures plus que toutes autres travaillent, travaillent pour vendre et pour nourrir ses ouvriers, et par conséquent a plus que toutes autres besoin d'acheteurs. Ruiner ceux-ci, neutres ou belligérants, c'est s'empêcher de vendre, s'empêcher de produire; c'est se ruiner, s'affamer soi-même. Et tout cela pour la folle idée de vouloir régner sur les mers, que notre Créateur destine à tous. Oui, folle idée, et qui a coûté cher à tous ceux des peuples qui l'ont entretenue.

Mon Dieu! qu'elle les couvre, ces mers, de tout autant de « Warriors » qu'il lui plaira, qu'elle fasse de son île une immense forteresse, si bon lui semble, mais, pour l'amour du Ciel, qu'elle donne donc enfin le bon exemple d'ordonner à ses « Armstrongs » de laisser désormais les choses en paix et de ne plus s'en prendre qu'aux hommes, et qu'elle, l'Angleterre, qui a tant contribué à établir le libre échange parmi les peuples, ne soit pas la première à l'empêcher de porter des fruits, par ces guerres commerciales, si désastreuses pour tous, vainqueurs, neutres et vaincus.

Je me proposais de prouver que l'Angleterre et la France se doivent, en second lieu, dans ce conflit américain, de faire tout au moins observer strictement par les parties belligérantes le droit des gens tel qu'il existe aujourd'hui; que ce vieux droit, si loin qu'il soit de répondre aux besoins de notre société moderne, impose toutefois aux nations des devoirs auxquels elles ne sauraient faillir sans déshonneur et sans désavantage; qu'elles se doivent donc à elles-mêmes et à nous gens du Sud de rompre un blocus ineffectif, bien ineffectif comme le prouvent les nombreux navires qui le forcent chaque jour, comme le prouve mieux que toute autre chose le crime dont se sont rendus coupables les gens du Nord, la tentative de comblement du port de Charleston. Et le monde, devant une pareille infamie, n'a pas rugi de colère! Ne sait-il donc pas, ce monde, que tous les peuples ont été et seront vaincus à leur tour? Ne se demande-t-il donc pas ce que sans les ports de mer deviendraient l'humanité, la navigation, le commerce, les rapports internationaux et la civilisation à laquelle l'homme est appelé à arriver un jour; ce que l'Angleterre, par exemple, serait aujourd'hui si, alors qu'elle était faible, ses conquérants avaient bouché les ports de Liverpool, de Londres, de Portsmouth, de Plymouth et autres; ce que serait la France si les Alliés, alors qu'ils étaient en possession de son sol, avaient fermé de pierres ceux du Havre, de Bordeaux, de Marseille, de Brest, de Toulon, de Cherbourg? Oh! oui certes, quand le monde se sera bien convaincu de l'indispensabilité des ports pour le progrès humain, quand il comprendra que la destruction par le fer ou le feu de toutes les choses qui, sur terre, sont dues au travail de l'homme, ne serait rien en comparaison de la destruction d'un seul port, parce qu'il saurait refaire les unes et ne saurait faire l'autre; quand il comprendra que les ports sont une propriété commune donnée par Dieu à l'humanité, et que nul peuple, sous aucun prétexte, n'a le droit d'en combler un seul; le monde ne s'en tiendra pas à d'oiseuses paroles, ne se contentera pas de protester contre un acte que les Vandales eux-mêmes ne commirent jamais, mais devant lequel ne devaient pas reculer les Yankees ; le monde fera ce qu'il doit faire, il fera, dût-il lui en coûter des millions, décombler le port de Charleston; ou mieux encore, afin que nul ne soit jamais tenté de suivre un pareil exemple, il le fera décombler de force par les coupables, et rendra à la vie cette brave, cette intelligente, cette noble ville, notre bien-aimée capitale de la Caroline du Sud, dont, à si juste titre, nous sommes tous si fiers.

Je me promettais de démontrer que le monde nous doit de ne pas intervenir militairement dans la guerre que nous fait le Nord, que cette guerre, toute désastreuse, toute pleine de périls qu'elle soit pour lui,—oh! oui, bien dangereuse pour lui, si nous étions vaincus, car nos nègres ne se laisseraient pas plus conduire par les gens du Nord, qu'un régiment, un troupeau, une école, ne se laisserait conduire par le premier venu ; — que cette guerre, dis-je, doit suivre son cours et durer tant que nos ennemis, en vue de défrayer les dépenses de la campagne, conserveront l'espérance de confisquer, à leur profit, nos terres et nos esclaves, et de nous enlever de dessous les pieds notre pays ; que c'est à nous, et à personne autre, qu'il appartient de le défendre.

Mais je me proposais de prouver à l'Angleterre et à la

France qu'elles se doivent à elles-mêmes de rouvrir et de protéger nos ports, nos ports que ces barbares du dix-neuvième siècle veulent détruire, et que, sans marine pour le moment, nous ne pouvons défendre; que cette réouverture et cette protection sont pour elles un devoir sacré, car le premier devoir d'un peuple comme d'un homme est la défense de sa propriété, bien commun ou particulier, de soi-même et de ce qui est nécessaire à son existence; que toutes les lois humaines, internationales ou autres, ont pour base cette loi de la nature, la première, celle de Dieu, celle à laquelle les hommes doivent, avant toute autre, respect et obéissance; qu'elles se doivent d'ouvrir nos ports irrégulièrement fermés, et de venir prendre nos cotons, nécessaires au travail et à la subsistance de leurs ouvriers; qu'elles se doivent de se montrer impartiales entre les parties belligérantes, non de dire seulement, mais de fait, et de ne pas faire comme l'Angleterre marchande, qui a vendu (que ne vend-elle pas, même son coton, dont elle a de trop !) trois cent mille carabines, ou plutôt trois cent mille verges pour se fouetter elle-même à blanc, si elles fussent tombées entre des mains plus expérimentées, comme elle s'en convaincra un jour, sans nous en vendre à nous aussi un nombre égal, en échange de nos denrées; que c'est là la manière la plus certaine de faire promptement cesser la guerre : car, du moment que nous serons aussi bien armés, ces fous-là eux-mêmes perdront l'espérance de nous vaincre.

Mais, commettant une erreur alors que je dis que le premier devoir d'un peuple ou d'un homme est la défense de soi-même, je me proposais de la réparer et de rétablir les devoirs des peuples dans l'ordre qui leur convient : car ce qu'un peuple ou un particulier doit préférer à la vie, c'est l'honneur, c'est là ce qu'il leur faut défendre avant tout ; et ni l'Angleterre, ni la France, ni quelque nation que ce soit entretenant des opinions contraires au travail forcé de la race noire, ne sauraient sans déshonneur, et quelque pressant qu'en soit le besoin, se servir de nos cotons, produit du travail de cette race. Je me promettais de faire les observations suivantes à l'Angleterre, qui de toutes s'est montrée la plus acharnée contre nous ; de lui dire : « qu'elle a, à son insu, il faut le croire, occupé jusqu'ici la position à la fois odieuse et ridicule d'un receleur qui invectiverait le voleur pour les vols dont lui-même s'enrichit ; plus odieuse et plus ridicule encore, car nous, le voleur, qui commettons le soi-disant crime d'esclavage, avons la conviction de n'en commettre aucun, tandis qu'elle, le receleur, profite de notre conduite, qu'elle proclame un crime ; qu'il est temps pour elle d'en sortir, car que dire de l'hypocrite qui jouerait un pareil rôle, sinon qu'il est un rude drôle et un plaisant coquin ? qu'elle veuille bien se regarder dans le présent petit miroir : elle s'y verra en miniature, et pourra, si elle le juge convenable, s'appliquer de pareilles épithètes ; mais que le moins qu'elle puisse faire est de reconnaître qu'il est indigne d'elle de jouer un jour de plus un pareil rôle; que, si l'esclavage est un crime, elle qui en profite y participe, et, de par toutes les lois divines et humaines, est aussi coupable que nous ; qu'elle doit donc dès aujourd'hui faire un choix entre l'une de ces deux choses : cesser immédiatement de se servir de nos cotons, de ceux du Brésil et de ceux de tous autres pays où ils ne s'obtiennent que par le travail forcé du nègre, ou bien avouer qu'elle s'était jusqu'ici trompée ; que, mieux instruite, elle voit maintenant que l'esclavage n'est ni un crime ni un mal, mais au contraire un bien, une nécessité, pénible il est vrai, mais une nécessité, un droit et un devoir pour les deux races ; qu'elle ne peut évidemment sortir de ce dilemme sans passer sur le ventre de la logique. »

Telles sont les choses que je me proposais encore de dire afin d'achever l'esquisse de cette question de l'esclavage, qui touche à tant d'intérêts moraux et politiques, commerciaux et humanitaires ; mais je tombai malade, et depuis plus de quatre mois je ne puis réussir à me rétablir. Atteint de douleurs au cerveau, ce n'est qu'avec la plus grande difficulté que je suis parvenu enfin à écrire ces dernières pages, où j'ai dû me contenter d'indiquer les divers points qu'il me restait encore à traiter.

C'est de Californie, où je me trouvais en juillet dernier, que je suis venu, Sire, pour vous apporter cette lettre, soutenu par l'espérance qu'elle serait peut-être utile à Votre Majesté pour arriver à des conclusions justes sur cette importante question de l'esclavage, mais soutenu surtout par l'intime conviction que Votre Majesté, au cas où elle viendrait à partager l'opinion des gens du Sud (qui est aussi celle de la majorité des gens du Nord) sur la nécessité du travail forcé de la race africaine, que Votre Majesté, dis-je, est la seule personne au monde qui puisse dire à l'Europe ce qu'il lui faut dire pour faire sortir le troupeau humain de la dangereuse impasse où il s'est laissé conduire par de peu fidèles bergers.

Faible et la prière au cœur, alors que je m'adresse à vous, Sire, pour obtenir enfin justice pour mon pays, ce n'est pas à la porte du pouvoir que j'ai l'intention de frapper : citoyen d'un Etat non reconnu et n'étant pas autorisé à parler au nom de mes compatriotes, — nul d'entre eux ne se doute même de l'existence de la présente lettre, — je n'ai aucun droit de frapper à cette porte; mais à la porte de l'intelligence je frappe et frappe avec confiance, certain que cette porte s'ouvrira à deux battants pour laisser s'échapper à flots la lumière qui jaillira d'une discussion où le pour et le contre seront enfin entendus ; certain que Votre Majesté, en vue de l'immense responsabilité qui, forcément, pèsera sur elle, mettra à l'étude de cette question l'intelligence hors ligne qu'elle tient du ciel.

Si, après cette étude, vous arrivez à la conclusion que nous, gens du Sud, nous avons raison, et que l'Europe a tort, vous le direz au nom de l'Europe.

Quant à nous, Sire, si nous avons tort.......—soyons sincères jusqu'au bout, — nous ne saurions l'avouer, nos convictions sont trop fortes pour cela ; mais ce que nous avouerons, c'est que le ciel nous a frappés de folie, et que nous, et non les Yankees, sommes de méchants fous. L'Europe devra donc aviser à ce nouvel incident ; car ce ne sera pas seulement de quatre millions de noirs, mais de huit millions de blancs, qu'elle devra se charger, de huit millions de fous, de fous furieux, qui nous défendront, qui jureront que l'Europe a sans doute le pouvoir, mais qu'elle n'a pas le droit de nous morigéner ; que nous sommes sains de corps et d'esprit, et n'avons besoin de l'aide physique et intellectuelle de personne ; que nous ne nous mêlons pas du plus ou moins de priviléges qu'il plaît aux divers gouvernements européens d'accorder chez eux aux basses classes ; qu'il n'appartient donc pas à l'Europe de se mêler de la condition qu'il nous plaît de faire à la race africaine chez nous ; que, si nous étions assez dénués de jugement pour la retenir en esclavage un instant de plus qu'il n'est strictement nécessaire, elle saura bien, alors qu'elle sera mûre pour la liberté, la conquérir, comme l'ont fait avant elle ses sœurs aînées les races blanche et jaune; que les peuples, comme les hommes, ont chacun leur mission sur terre, leur chose à faire; que, lorsqu'ils veulent prendre en main les affaires d'autrui, ils ne disent et ne font que des sottises, et ce par ordre de Dieu, qui n'a donné à chaque homme que juste assez d'intelligence pour conduire à peu près sa propre barque, à chaque peuple que juste assez de forces intellectuelles, en les combinant toutes, pour manœuvrer à peu près son propre navire; que Dieu, dont nous remplissons les ordres en conduisant à la civilisation les peuples d'Afrique, ne nous abandonnera pas; qu'il saura bien, par la pression exercée sur le ventre des gouvernés en Angleterre, ouvrir enfin la tête des gouvernants et leur faire remplir leurs devoirs envers nous et eux-mêmes, etc., etc.; enfin, mille autres extravagances de gens dont la cervelle a déménagé.

Quant à moi, Sire, quelle que soit la détermination de l'Europe, aussi fou qu'aucun de mes compatriotes, je pars les rejoindre et partager leur sort; d'autant plus que j'ai là, dans un coin, une petite épée,—hélas! bien petite et presque toute neuve, — qui frétille d'impatience de n'avoir encore rien fait pour la cause, et de jalousie de s'être vu préférer momentanément sa rivale, ma plume, qui dit que l'heure des beaux discours a fini de sonner pour nous, et qui jure qu'elle saura bien me montrer par où l'on entre et l'on passe.

Je la suis donc, mais non pas sans vous avoir préalablement prié, Sire, de vouloir bien excuser les nombreux péchés d'omission et de commission que j'ai sans doute commis dans cette lettre, et de vouloir bien aussi agréer l'assurance, — bien inutile il me semble de ma part, s'il est vrai que la tête et le cœur de l'homme se reflètent dans son style, mais assurance voulue par l'usage, — du respectueux dévouement avec lequel j'ai l'honneur d'être

de Votre Majesté

l'humble serviteur,

EUGÈNE MUSSON.

Paris, 4 mars 1862.

P. S. Quelque boursouflé que soit le récit des succès obtenus par les Fédéraux aux dernières nouvelles, il y a cependant, au milieu de toutes ces exagérations, du vrai et même du vraisemblable; car il ne faut pas se dissimuler que leur marine et l'abondance de leur matériel de guerre leur donnent de grands avantages, particulièrement sur les côtes.

En face de ces événements, il me semble qu'il est grand temps que l'Europe enfin se prenne à réfléchir, qu'elle se demande si elle va réellement là où elle veut aller, et si elle fait au juste ce qu'il est de son intérêt et de son honneur de faire.

Qu'il soit, en attendant et pour la dernière fois, bien entendu ici que ce que nous autres gens du Sud demandons à l'Europe, c'est de nous fournir des armes en échange de nos récoltes de coton, afin de nous mettre à même de défendre la cause que nous soutenons, la cause du travail, et d'empêcher que nos ouvriers noirs ne revagabondent et que ses ouvriers blancs ne chôment.

Si l'Europe veut ce que nous voulons, qu'elle remplisse donc enfin les devoirs que lui imposent et le droit des gens et la sainte cause du progrès.

Si elle ne veut pas ce que nous voulons, qu'elle continue alors à se comporter comme elle l'a fait jusqu'ici, que, tout en prônant sa prétendue impartialité, elle finisse d'armer le Nord jusqu'aux dents, et que Dieu ait pitié de nous tous, car nul ne saurait prévoir ce qu'il en adviendra !

EXTRAITS

DE QUELQUES DISCOURS PRONONCÉS PAR JOHN C. CALHOUN

DANS LE SÉNAT DES ÉTATS-UNIS

SUR LA QUESTION DE L'ESCLAVAGE

(9 mars 1836.)

. . . .

. . . . . . Portons maintenant, pour un instant, nos regards sur la nature du droit que nous sommes, je le crains, sur le point d'abandonner; faisons-le dans le but de déterminer quelles doivent être les conséquences d'un tel abandon.

De tous les droits qui appartiennent à un corps délibérant, je ne sache pas qu'il y en ait de plus universel, de plus indispensable, pour l'accomplissement normal de ses fonctions que celui de déterminer à son choix ce qu'il recevra, les objets sur lesquelles il étendra sa juridiction ou portera ses délibérations et son action gouvernementale. C'est la loi fondamentale de tous les corps constitués de cette espèce; et ce précieux droit ne s'étend pas seulement aux pétitions, mais aussi aux rapports, aux lois, aux résolutions, et ne varie pour ces deux derniers objets que par la forme dans laquelle on les présente. On peut comparer ce droit à cette fonction de l'économie animale dont est douée toute créature vivante, celle de discerner, de choisir, par le sens du goût, ce qu'elle doit recevoir ou rejeter; c'est à cette fonction qu'est attachée la conservation de son existence. Privez-les de cette fonction; et les matières vénéneuses, aussi bien que les matières salutaires, seront indifféremment reçues dans son organisme! Il en est de même des corps délibérants : privez-les du droit essentiel et primordial de déterminer à leur gré ce qu'ils doivent recevoir ou rejeter, et ils vont devenir indifféremment les réceptacles passifs de tout ce qu'il y a de frivole, d'absurde, d'inconstitutionnel, d'immoral et de sacrilége, aussi bien que de ce qui serait vraiment digne de leurs délibérations et de leur action. Etablissez une fois ce principe monstrueux et impie, tel qu'il le serait s'il était mis en pratique : quelles en seront les conséquences ? A quoi ne se serait-ce pas nous engager ? Supposez que l'on nous présente une pétition par laquelle on nous demanderait l'abolition de la constitution que nous nous sommes engagés par serment à soutenir. Eh bien ! d'après l'abominable doctrine de nos adversaires, nous devrions recevoir cette pétition, et de même si l'on venait nous demander l'abolition du Décalogue et de la Bible elle-même. Je vais plus loin : si les sociétés abolitionistes se transformaient en une secte d'athées, et s'avisaient de nous demander une loi qui osât nier l'exisience d'un Être tout-puissant, d'un Créateur de l'univers, nous serions donc obligés, selon cette sacrilége doctrine, de recevoir la pétition et de la soumettre à nos délibérations ? Je le demande aux sénateurs du Tennessee et de la Pensylvanie (Mr Grundy et Mr Buchanan) : voteraient-ils pour recevoir une pareille pétition ? Inutile d'attendre leur réponse ; ils la rejetteraient avec dégoût. Que devient alors cette obligation illimitée, universelle, extravagante, de recevoir des pétitions ; ils la soutiennent pourtant avec acharnement et se préparent même à lui sacrifier les droits constitutionnels de cette assemblée.

Je quitterai maintenant le domaine de l'hypothèse, pour descendre dans la question posée devant le Sénat : Si nous recevons cette pétition, en nous fondant sur le principe que nous sommes obligés de la recevoir, ainsi que toute autre du même genre, toutes les fois qu'il s'en présentera, que seront alors les conséquences ? J'ai considéré avec calme cette question sous toutes ses faces, et je n'hésite pas à déclarer qu'en introduire la discussion, ce serait céder aux abolitionistes tout ce que les plus passionnés d'entre eux pourraient espérer pour le moment ; ce serait leur abandonner tous les ouvrages avancés sur lesquels, nous, hommes du Sud, nous comptons pour organiser notre défense contre leurs attaques dans cette enceinte.

Personne ne saurait croire que les fanatiques qui ont inondé nos deux Chambres de leurs pétitions aient le moindre espoir que le Congrès, *quant à présent*, décrète une loi pour l'abolition de l'esclavage dans ce district. Tout infatués qu'ils sont de leurs vaines doctrines, ils doivent s'apercevoir que, dans le Nord, l'opinion publique n'est pas encore préparée à une mesure si décisive, et que de sérieux efforts dans ce sens compromettraient leur cause. Qu'espèrent-ils donc ? Ce qu'ils veulent d'abord, c'est que le Congrès entame des débats sur l'opportunité d'abolir l'esclavage, qu'il ouvre aux abolitionistes nos assemblées législatives et les y laisse prendre une position permanente, pour aller de là porter leurs opérations contre les institutions des États à esclaves. Si nous recevons cette pétition, tous ces avantages seront réalisés pour eux dans toute leur étendue. On s'arrogera, non seulement dans ce district, mais aussi dans les États eux-mêmes, une juridiction permanente sur la question de l'esclavage, toutes les fois qu'il plaira aux abolitionistes de demander au Congrès l'abolition de l'esclavage, en envoyant ici leurs pétitions. Nous serions alors obligés de recevoir de pareilles pétitions, et en les recevant nous nous engagerions, comme de raison, à les discuter et à prendre des décisions. L'ennemi, ayant réussi sur ce point, se serait emparé d'une position des plus favorables. Le centre des opérations serait transféré de Nassau-Hall aux chambres du Congrès. De ce centre commun, les abolitionistes lanceraient à profusion leurs publications incendiaires, sous la forme de pétitions qu'il faudrait recevoir et conserver dans les archives. La question de l'abolition serait agitée de plus en plus à chaque session, et de là d'incessantes attaques seraient dirigées contre la propriété et les institutions des citoyens des Etats à esclaves, sous la forme de discours qui circulent dans toute l'étendue de l'Union.

Tels seraient les avantages qu'on laisserait aux abolitionistes ; nos pertes seraient en proportion de leurs gains. Tout ce qu'on leur céderait serait autant de pris sur nous. Notre véritable position, celle qui est indispensable à notre défense *ici*, c'est que le Congrès n'a de légitime juridiction sur la question de l'esclavage ni ici ni ailleurs. Recevoir cette pétition, c'est nous faire perdre une position des plus fortes, c'est abandonner la question de juridiction, si importante pour la cause des abolitionistes, et si désastreuse pour nous. C'est nous forcer à rester les impassibles témoins des mille attaque, dirigées contre notre honneur et nos institutions, ou bien nous entraîner dans une lutte interminable pour les défendre. Une lutte de ce genre dépasse les bornes de la patience humaine. Il ne nous resterait plus à la fin qu'humiliation, déshonneur, fatigue et complet épuisement.

Les sénateurs des États à esclaves, qui ont eu malheureusement l'imprudence de voter pour que l'on reçût ces pétitions incendiaires, nous disent en vain qu'à la première tentative faite pour abolir l'esclavage, ils se joindront à nous pour la repousser. Je ne doute nullement de la sincérité de leur déclaration : nous avons tous des intérêts communs, et ils ne peuvent trahir les nôtres sans trahir en même temps les leurs. Mais je leur annonce que le moment est venu de tenir leur parole : *la tentative se fait aujourd'hui.* L'œuvre destructive avance chaque jour et d'heure en heure. Le combat s'est engagé, non seulement de la manière la plus dangereuse pour nous, mais de la seule manière qu'il pût s'engager. Attendent-ils que les abolitionistes aient recours aux armes pour délivrer de force nos esclaves? Est-ce là ce qu'ils veulent dire quand ils nous parlent de tentatives pour abolir l'esclavage? Si c'est ainsi, il faut que je dise à nos amis du Sud qui sur ce point sont en désaccord avec nous que le combat engagé contre nous par les abolitionistes est d'un caractère bien différent, mais en réalité beaucoup plus efficace.

C'est une guerre de fanatisme religieuse et politique, mêlé, quant aux chefs du parti, d'ambition et de prétention à la célébrité; c'est une guerre où l'on n'en veut pas à notre vie, mais à notre honneur. Leur but est de nous humilier, de nous avilir à nos propres yeux et à ceux du monde entier, de ternir notre réputation, tout en renversant nos institutions domestiques. C'est ainsi qu'ils tâchent de réaliser leur plan d'abolition par d'habiles et puissants moyens et une infatigable persévérance. *A présent donc l'heure est venue,* pour tous ceux qui ne sont pas avec eux, de faire face à leurs attaques. Et comment le faire avec succès? Voilà le point important! Il n'y a qu'un moyen : nous devons aller à la rencontre de l'ennemi sur la frontière : sur la question de recevoir. Nous devons nous assurer à tout prix ce défilé d'une importance capitale : ce sont là nos Thermopyles! La force de résistance, d'après une loi universelle de la nature, est placée au dehors. Brisez la coquille, pénétrez l'écaille, et au dedans il n'y a plus de résistance. Dans la lutte présente, ce qui constitue notre frontière, c'est la question de recevoir. La première de toutes, la question extérieure est celle qui couvre et protége toutes les autres. Laissez-la entamer en recevant cette pétition, et l'on ne pourra plus trouver au dedans un seul point de résistance, du moins en tant qu'il s'agit du Gouvernement central. Si nous ne pouvons pas nous maintenir là, nous ne le pouvons plus dans aucune position à l'intérieur. De toutes les questions qui peuvent s'élever, il n'en est pas une seule qui nous offre, pour la défense, un terrain plus solide ou qui le soit moins pour nos adversaires, sans même en excepter la suprême question de l'abolition dans les États; car rejeter cette pétition est notre droit aussi clair, aussi incontestable que celui qui manque au Congrès, le droit d'abolir l'esclavage dans les États.

(6 février 1837.)

. . . .
. . . . . . Quelque saine que soit encore l'opinion publique, au sein des Etats libres, au bout de quelques années la présente génération sera remplacée par une autre qui aura été dressée à haïr les citoyens et les institutions de près d'une moitié de notre grande Union, à leur porter une haine plus mortelle que cela n'a jamais eu lieu entre deux nations étrangères. Il est aisé d'apercevoir le résultat final. D'après le cours nécessaire des événements, nous devons, si on les laisse aller d'eux-mêmes, finir par nous partager en deux nations. Sous l'influence de cette haine mortelle, qui doit se développer entre les deux grandes sections, il est impossible, si on laisse sans entraves les causes produire leurs effets naturels, que nous continuions sous le même régime politique. Les éléments de discorde finiraient pas séparer violemment l'Union, quelque forts que soient encore les liens qui la maintiennent aujourd'hui. L'Abolition et l'Union ne peuvent exister ensemble. Comme ami de l'Union. je le proclame hautement, et plus tôt cette vérité sera connue, mieux ce sera. La première peut encore être tenue en échec, mais il sera bientôt au-dessus de toute force humaine d'arrêter la marche des évènements. Maintenir les relations qui existent entre les deux races qui habitent cette section de l'Union est indispensable à la paix et au bonheur de toutes deux. Ces relations ne peuvent être détruites sans couvrir de carnage tout le pays, et sans l'extirpation de l'une ou de l'autre race. Que cet état des choses soit bon ou mauvais, il s'est tellement développé avec notre société et nos institutions, et s'y est tellement entremêlé, que le détruire serait nous détruire nous-mêmes comme nation. Mais que l'on ne pense pas que j'admette, même d'une manière implicite, que les relations établies entre les deux races dans les Etats à esclaves soient un mal. Loin de là. Je maintiens que c'est un bien, pour l'une des races comme pour l'autre, ainsi qu'on a pu s'en convaincre jusqu'à présent, et qu'on pourra le vérifier de plus en plus dans l'avenir, si cet avenir n'est pas bouleversé par les farouches passions des abolitionistes. J'en appelle aux faits.

Jamais la race noire de l'Afrique centrale, depuis l'aurore de l'histoire jusqu'à nos jours, n'avait atteint un pareil degré de civilisation, ni réalisé de tels progrès, non-seulement sous le rapport physique, mais aussi sous le rapport moral et intellectuel. Elle était arrivée parmi nous dans un état de dégradation et de sauvage ignorance ; et voilà que dans le cours de quelques générations, cette race régénérée a grandi sous l'égide de nos institutions si injustement calomniées, et que de son abaissement elle s'est élevée, grâce à nos soins, jusqu'à une condition comparativement civilisée! Ce fait joint à la rapide augmentation de la population noire est une preuve concluante de la prospérité croissante de la race africaine, en dépit des fables ridicules que l'on débite pour faire accroire le contraire.

En même temps, la race blanche ou européenne n'a point dégénéré. Elle a su se tenir à la hauteur de ses frères des autres parties de l'Union où l'esclavage n'existe pas. Faire des comparaisons c'est chose odieuse : j'en appelle cependant à tout le monde. Est-ce que le Sud n'est pas l'égal du reste de l'Union, par toutes les nobles qualités qui sont l'honneur de la nature humaine : vertu, intelligence, patriotisme, courage et désinstéressement ? Je demande si nous n'avons pas amplement fourni notre contingent de talents et de sagesse politique, pour fonder et entretenir notre édifice politique. Je demande si nous n'avons pas constamment marché ferme dans le sens de la liberté, et si nous n'avons pas été les premiers à dénoncer les empiétements du Pouvoir, comme les premiers à leur résister. Nous ne sommes inférieurs que sur un seul point : sur l'art de gagner de l'argent ; nous reconnaissons que nous sommes moins riches que le Nord de cette Union ; mais j'attribue surtout ce fait à l'action fiscale du Gouvernement, qui a tiré beaucoup de chez nous et y a très-peu dépensé. Si c'eût été le contraire, si on eût tiré beaucoup de l'autre côté et fait beaucoup de dépenses parmi nous, ce point de supériorité ne serait pas maintenant contre nous, de même qu'il ne l'était pas lors de la formation de notre Gouvernement.

Dans la séance du Sénat du 27 décembre 1837, M. Calhoun présenta les résolutions suivantes :

1° *Résolu* qu'en adoptant la constitution fédérale, les Etats agirent individuellement et comme des Etats libres, indépendants et souverains ; que chacun d'eux, par un acte de sa propre volonté, entra dans l'Union afin de se mieux garantir contre tout danger domestique ou extérieur et afin de mettre à l'abri les avantages naturels, politiques et sociaux dont il jouissait.

2° *Résolu* qu'en déléguant une partie de leurs pouvoirs au gouvernement fédéral les Etats conservèrent individuellement, et chacun pour soi, le droit exclusif de régler leurs institutions domestiques et leur police, et qu'ils sont seuls responsables de ces institutions et de cette police ; que toute intervention d'un ou de plusieurs Etats, ou de citoyens de ces

Etats, dans les affaires intérieures des autres Etats, par quelque motif et sous quelque prétexte que ce soit, politique, moral ou religieux, ayant pour but de modifier ou de renverser ces institutions, est une prétention de supériorité repoussée par la Constitution ; qu'une telle intervention est une insulte faite aux Etats auxquels elle s'adresse, qu'elle tend à mettre en danger leur paix domestique et leur tranquillité, qu'elle est subversive du but même qu'on avait en établissant la Constitution et tend par conséquent à affaiblir et détruire l'Union.

3° *Résolu* que le gouvernement central n'est autre qu'un agent commun créé et adopté par les divers Etats de l'Union dans le but d'exercer les pouvoirs qui lui ont été délégués dans la Constitution, pour la sécurité et la prospérité de tous ; que dans l'accomplissement de ce noble et saint mandat le gouvernement central est tenu d'exercer les pouvoirs qui lui ont été ainsi délégués, de manière à donner autant de stabilité et de sécurité que possible aux institutions domestiques des Etats qui composent l'Union ; que c'est le devoir solennel du gouvernement central d'empêcher qu'une partie de l'Union ne se serve de lui pour attaquer, affaiblir et détruire les institutions domestiques des autres Etats, puisqu'il est de son devoir de les soutenir et de les fortifier.

4° *Résolu* que l'esclavage, tel qu'il existe dans les Etats du Sud et de l'Ouest de l'Union, forme une partie importante de leurs institutions domestiques héritées de leurs ancêtres et existantes lors de l'adoption de la Constitution, qui le reconnaît comme un élément essentiel dans la distribution de ses pouvoirs entre les Etats ; que nul changement d'opinion ou de sentiment, de la part des autres Etats de l'Union, à ce sujet, ne peut justifier ceux-ci ou leurs citoyens dans leurs attaques ouvertes et systématiques contre lui en vu de le renverser ; que de telles attaques sont une violation manifeste du mutuel et solennel serment de se protéger et de se défendre l'un l'autre, prêté respectivement par les Etats, en entrant dans le pacte constitutionnel dont émana l'Union, et sont par conséquent un manque de foi manifeste et une violation des obligations morales et religieuses les plus solennelles.

5° *Résolu* que l'intervention d'un ou plusieurs États, ou de leurs citoyens, pour abolir l'esclavage dans ce district, ou dans aucun des territoires, par le motif et sous le prétexte qu'il est immoral ou criminel, — ou que le fait du Congrès en passant un acte ou en prenant une mesure dans cette intention — seraient une attaque dangereuse contre les institutions des États à esclaves.

6° *Résolu* que l'union de ces États repose sur une égalité de droits et d'avantages entre ses membres, et que tout ce qui détruit cette égalité tend à détruire l'Union elle-même; que c'est le devoir solennel de tous, et plus particulièrement celui de cette assemblée qui représente les États comme corporations, de résister à toute tentative d'injuste distinction entre les Etats, dans la répartition des faveurs du gouvernement aux différentes portions de l'Union; que refuser d'accorder aux Etats du sud et de l'ouest des avantages qui tendraient à les fortifier et à augmenter leur sécurité, ou que refuser d'étendre leurs limites ou d'accroître leur population par l'annexion de nouveaux territoires ou Etats, dans la supposition et sous le prétexte que l'institution de l'esclavage comme il existe chez eux est immorale, criminelle ou coupable de quelque autre manière, serait contraire à cette égalité de droits et d'avantages que la constitution avait en vue de garantir également à tous les membres de l'Union, et que ce serait en effet dépouiller de leurs franchises les Etats à esclaves, en leur refusant les avantages, tout en les soumettant aux charges du gouvernement.

(27 décembre 1837.)

. . . .

. . . . Le sénateur a tellement la conscience de sa faiblesse sur ce point, qu'au lieu d'essayer d'indiquer un remède, sa théorie politique n'en fournissant aucun, il suit la marche opposée et nie le danger. Il nous dit gravement que les abolitionistes ne sont pas désunionistes, qu'ils n'ont pas de vues ambitieuses, pas de mauvais desseins, qu'ils répudient toute immixtion dans les affaires des Etats, qu'ils visent seulement à abolir l'esclavage dans les territoires et dans ce district où il n'y a pas plus de 2,000 esclaves, et qu'ils n'invoquent pas d'autre droit que celui de vous prier de leur accorder la petite grâce, l'innocente faveur.... de nous couper la gorge et de brûler nos maisons; que ces suppliants ne sont qu'une poignée de gens composée de femmes en grande partie.

Tel est le tableau qu'il nous donne de cette petite troupe d'innocents et des motifs inoffensifs qui les font agir, et cela en face de leur aveu constant, uniforme et fort clair: que leur objet est l'abolition complète de l'esclavage dans les Etats aussi bien que dans ce district et dans les territoires, et qu'ils ne considèrent l'abolition dans ces derniers que comme un premier pas pour arriver à l'abolition dans les premiers.

Mais il avait, dans la matinée même, reçu une lettre d'un membre de cette confrérie, homme de haute position et d'autorité, qui lui fait une tout autre description de ce petits corps d'humbles suppliants. Il dit qu'ils ont 1500 sociétés de 100 personnes chacune en moyenne et qui vont croissant à raison de une société par jour. Voici donc que nous avons déjà 150,000 personnes régulièrement organisées, dont un grand nombre sont les constituants du sénateur, avec un copieux revenu ainsi qu'une presse étendue et puissante, qui se mettent en guerre ouverte contre les institutions des Etats du Sud et de l'Ouest, — institutions qui n'embrassent pas moins d'une valeur de 900,000,000 de piastres, la prospérité et le salut d'une section tout entière de cette Union, — au mépris de la foi jurée et pour la subversion des principes fondamentaux de la Constitution ; et pourtant le sénateur ne voit à tout cela ni mal ni danger. Quand nous voyons penser et sentir de la sorte un homme d'un esprit aussi éclairé et de sentiments ordinairement si droits, quel doit être le ton de ceux avec qui il est en rapports journaliers, dont l'influence a pu aveugler à ce point son entendement, émousser ainsi chez lui le sens moral.

. . . .

. . . . Il (M. Calhoun) ne devrait pas être surpris que les sénateurs fussent d'un avis si différent du sien à ce sujet. Ils n'envisagent pas la maladie de la même manière. Quant à lui, au fond de ce mouvement abolitioniste il voit à l'œuvre le même esprit qui, il y a deux siècles, bouleversa le monde chrétien et l'inonda de sang ; ce violent et cruel esprit de persécution qui prit sa source dans une suprématie supposée et dans une fausse notion du devoir qui faisait croire à un homme qu'il avait à répondre des péchés de son prochain, qu'il était le juge de ce qui convient à son bien-être temporel et éternel, et qu'il devait essayer, même au péril de son âme, de le sauver de la perdition. Contre cet esprit farouche et sanguinaire, l'amendement proposé serait insuffisant. Il faut avoir recours à quelque chose de plus élevé, de plus sacré, et qui fasse plus profondément appel au cœur et à l'entendement. Qu'il lui soit permis de dire aux sénateurs du Sud que, s'ils abandonnent la position inexpugnable que leur font les résolutions qu'il offre, que s'ils ne placent leur espoir que dans le *rien faire*, il viendra un temps où ils déploreront leur folie sous le sac et la cendre.

Tout ce qui peut nous sauver, c'est un inflexible attachement à nos principes et à nos droits, une attitude énergique et décidée, aussi éloignée de la violence que de la concession. Il faut dire tout net à ces agitateurs que le caractère de nos institutions ne les regarde pas, que ni eux ni le gouvernement ne doivent y toucher, ni ici, dans cette Chambre, ni dans les territoires, ni dans les Etats ; qu'elles sont sous l'égide protectrice de la Constitution, et que nous sommes prêts à repousser toute intervention, quelles qu'en soient les conséquences.

. . . .

. . . . De différentes régions du globe, une mystérieuse Providence a rassemblé deux races et les a placées ensemble en nombre à peu près égal dans la partie sud de notre Union. Elles s'unirent là à jamais et d'une manière inséparable. L'expérience a démontré que les relations qui existent entre elles ont assuré la paix et le bonheur de toutes deux. Chacune d'elles a fait des progrès ; la race inférieure en a fait de grands, à tel point même qu'elle a atteint un degré de civilisation auquel elle n'était jamais parvenue dans aucun siècle et dans aucun pays. Elles ne peuvent exister ensemble sous aucun autre régime. Détruire l'ordre de choses établi serait plonger le pays tout entier dans le meurtre, le carnage et la désolation ; quoi qu'il arrive, nous devons le défendre et le conserver.

Cette agitation a produit du moins un heureux effet : elle nous a forcés, nous hommes du Sud, à examiner la nature et le caractère de cette grande institution et à redresser beaucoup de fausses idées que nous avions nous-mêmes à son égard. Beaucoup d'habitants du Sud croyaient autrefois que l'esclavage est un mal moral et politique. Cette folie, ces préjugés, ont disparu. . . . .

(20 février 1847.)

. . . .

. . . . Le sénateur doit se souvenir que le ministre anglais lord Aberdeen, — que je respecte infiniment, et comme homme et comme homme d'Etat, — eut la candeur de nous envoyer une communication destinée à être lue par l'envoyé de la Grande-Bretagne au secrétaire d'Etat, poste que j'occupais alors, et par laquelle il nous faisait savoir que leur but n'était pas seulement l'abolition de l'esclavage dans le Texas, mais aussi aux Etats-Unis et dans le monde entier (1). Or donc je pense qu'il n'y a rien de plus clair que ceci : c'est que les Etats-Unis

(1) Le monde, un jour, cherchera à découvrir les raisons qui, depuis trente ans, ont engagé le Gouvernement anglais à tant s'occuper du sort de la race africaine, particulièrement *aux Etats-Unis*, et si peu de ses basses classes *at home* et aux Grandes-Indes, et le monde un jour découvrira. E. M.

sont tenus, par tout ce qu'il y a de plus sacré, de protéger les Etats de l'Union contre toute violence domestique, de quelque nature qu'elle soit; qu'étant ainsi tenus, ils se doivent, dans l'étendue de leur juridiction, de prendre les mesures nécessaires pour empêcher les causes qui amèneraient ce désordre. Le gouvernement fédéral a le contrôle exclusif de nos relations avec l'étranger, et doit naturellement prendre des mesures pour empêcher l'effet de toute cause de désordre provenant d'une puissance étrangère, qui tendrait à menacer la paix intérieure et la sécurité de l'un des Etats de l'Union; — ou, en d'autres termes plus précis, il doit s'opposer à ce qu'une excitation à des violences domestiques nous vienne du dehors.

(4 mars 1850.)

. . . . Sénateurs, j'ai cru, dès le commencement, que l'agitation au sujet de l'esclavage, à moins d'être empêchée par quelque mesure efficace prise à temps, finirait par la rupture de notre Union. Pénétré de cette opinion, je me suis efforcé, dans toutes les occasions convenables, d'appeler l'attention des deux grands partis qui divisent le pays, pour que l'on adoptât quelques mesures tendant à prévenir un si grand désastre, mais en vain jusqu'ici. On a laissé l'agitation continuer sa marche, sans faire presque aucune tentative pour lui résister, jusqu'à ce qu'elle eût atteint un point où l'on ne peut plus se dissimuler ni nier que l'Union ne soit en danger. Vous avez eu ainsi sur vous tout le poids de la plus haute et de la plus grave question qui puisse jamais être soumise à vos délibérations, — celle de savoir comment l'Union peut être sauvée.

Pour donner une réponse satisfaisante à cette immense question, il est indispensable d'avoir une connaissance exacte et approfondie de la nature et du caractère de la cause qui met l'Union en danger. Sans cette connaissance, il est impossible de prononcer, avec quelque certitude, par quelle mesure elle peut être sauvée; de même qu'il serait impossible à un médecin, en face de quelque maladie dangereuse, sans une connaissance approfondie de la nature et du caractère de la cause qui a produit cette maladie, de prononcer avec certitude par quel remède le patient peut être sauvé. La première question soumise à votre examen dans l'investigation que je propose afin d'acquérir cette connaissance est donc celle-ci : Qu'est-ce qui a mis l'Union en danger?

A cette question il n'y a et ne peut y avoir qu'une réponse : — la cause immédiate est le mécontentement presque universel qui règne dans tous les Etats qui composent la partie sud de l'Union. Ce mécontentement général n'est pas de récente origine ; il a commencé avec l'agitation de la question de l'esclavage, et depuis lors n'a fait que croitre. La question à s'adresser ensuite, allant un peu plus loin, est celle-ci : Qu'est-ce qui a causé ce mécontentement si répandu et presque universel ?

C'est une grande erreur de supposer, comme le font quelques-uns, qu'il a été causé par les démagogues, qui auraient excité le mécontentement dans le but de favoriser leurs intérêts personnels, ou par l'ambition désappointée de certains *politicians* qui auraient poussé à ce mécontentement comme moyen de rétablir leur fortune. Au contraire, tous les hommes du Sud qui jouissaient d'une grande influence politique se prononcèrent contre cette agitation et firent tous les efforts possibles pour calmer les esprits. La grande masse des citoyens au Sud se partageait, comme dans l'autre section, en whigs et en démocrates. Au Sud les chefs ainsi que la presse des deux partis eurent grand soin d'empêcher l'agitation et de maintenir le calme, parce qu'ils voyaient bien que les effets de cette agitation tendraient nécessairement à affaiblir, si ce n'est à détruire, les liens politiques qui les unissent à leurs partis respectifs dans la section Nord de l'Union. Ceux qui connaissent la force des liens de parti apprécieront facilement la force immense que cette cause opposa à l'agitation, et qui fut mise au service de la tranquillité. Mais, si grande que fût cette force, elle ne fut pas suffisante pour empêcher le mécontentement général qui s'est emparé maintenant de toute la section Sud. Non, il existe une cause beaucoup plus profonde et plus puissante que celle supposée, pour expliquer un mécontentement si profond et si général. Revient donc la question : Quelle est la cause de ce mécontentement? On la trouvera dans la croyance des hommes des Etats du Sud, croyance aussi répandue que le mécontentement lui-même, qu'ils ne peuvent plus, dans l'état présent des choses, rester avec honneur et sûreté dans l'Union. L'autre question à se faire est celle-ci : Quelle est la cause de cette croyance ?

Une des causes doit être indubitablement attribuée à l'agitation entretenue longtemps sur la question de l'esclavage par les hommes du Nord, et par les nombreuses attaques que ceux-ci ont dirigées pendant ce temps contre les droits du Sud. Je ne les énumérerai pas pour le moment, ayant l'intention de le faire plus tard, à un moment plus opportun.

Il y a une autre cause derrière celle-ci, une autre qui lui est intimement liée et qui doit être regardée comme la première de toutes. On peut la trouver dans ce fait, que maintenant l'équilibre est détruit, entre les deux sections, dans le gouvernement tel qu'il existait quand la constitution fut ratifiée et que le gouvernement commença ses fonctions. Il y avait à cette époque, entre les deux sections, un équilibre à peu près parfait qui fournissait à chacun des moyens efficaces de se défendre l'un contre l'autre en cas d'agression ; mais dans l'état où en sont aujourd'hui les choses, une section a le pouvoir exclusif de contrôler le gouvernement, ce qui laisse l'autre sans moyens suffisants de se protéger contre les empiétements et l'oppression.

. . . .

. . . . . . Ce qui est à présumer, c'est qu'il y aura pour le Nord un grand accroissement de prépondérance dans le Sénat, durant la présente décade, par l'addition de nouveaux États. Deux territoires, l'Orégon et le Minnesota y arrivent, et l'on tente de vigoureux efforts pour faire entrer dans l'Union trois États de plus, formés du territoire conquis récemment sur le Mexique ; ce qui, en cas de réussite, ajoutera bientôt trois nouveaux États à la section du Nord ; cela fera cinq États, et augmentera le nombre actuel de ses États de quinze à vingt et celui de ses Sénateurs de trente à quarante. Au contraire, il n'y a dans la section du Sud ni un seul territoire marchant vers ce résultat, ni la moindre certitude qu'un seul nouvel État lui soit ajouté durant la décade. Il y a donc apparence, en cas que réussissent les efforts tentés maintenant pour exclure le Sud des territoires nouvellement acquis, que les deux sections dans le Sénat se trouveront, avant la fin de la décade, dans la proportion de vingt États du Nord contre quatorze États du Sud (en considérant l'État de Delaware comme neutre), et de quarante Sénateurs du Nord contre vingt-huit du Sud. Ce grand accroissement de Sénateurs, ajouté à celui non moins grand des membres de la Chambre des représentants et du collége électoral pour la section du Nord, ce qui aura lieu dans la prochaine décade, détruira réellement et irréparablement l'équilibre qui existait au commencement du gouvernement.

Si cette destruction avait été l'œuvre du temps, sans l'intervention du gouvernement, le Sud n'aurait pas lieu de se plaindre ; mais tel n'a pas été le cas. Elle a été causée par la législation du gouvernement central, qui avait été constitué comme l'agent commun de tous, chargé de protéger les intérêts et la sécurité de tous. La législation au moyen de laquelle s'est effectuée cette destruction peut être divisée en trois classes. La première a été cette série d'actes par lesquels le Sud a été exclu du territoire commun, appartenant à tous les États comme membres de l'Union fédérale, ce qui eut pour résultat d'étendre démesurément la portion dévolue à la section du Nord, et de restreindre dans des limites étroites la portion laissée au Sud. La seconde classe consiste dans l'adoption d'un système de recettes et de dépenses par lequel une proportion injuste du fardeau des taxes a été imposée au Sud, et une proportion non moins injuste de ses produits appliquée au Nord. La dernière est un système de mesures politiques par lequel le caractère primitif du gouvernement a été radicalement changé.

. . . .

. . . . Le résultat de l'ensemble de ces causes combinées est celui-ci : c'est que le Nord a acquis un ascendant décidé sur chaque département de ce gouvernement, et par là un contrôle sur tous les pouvoirs du système. Une seule section, gouvernée par la volonté de la majorité numérique, a, de fait maintenant, le contrôle du gouvernement central, et jouit de tous les pouvoirs. Ce qui fut autrefois une république fédérale constitutionnelle est, en réalité, converti maintenant en un gouvernement aussi absolu que celui de l'autocrate de Russie, et aussi despotique dans ses tendances qu'aucun qui ait jamais existé.

. . . .

. . . . Le pouvoir sans cesse s'augmentant du gouvernement central, la prépondérance qu'y acquérait le Nord lui fournit une raison. Ce fut ceci qui rangea un grand nombre de personnes à l'opinion qu'il y avait peu ou point de moyens répressifs pour empêcher le gouvernement de faire tout ce qui lui plairait. Cette opinion fut suffisante pour induire les plus fanatiques des gens du Nord à se mettre à l'œuvre, aux fins de détruire les rapports qui existent entre les deux races dans le Sud.

Le premier mouvement qui fut organisé dans ce but commença en 1835. Alors, pour la première fois, on organisa des sociétés, des journaux furent établis, des missionnaires furent envoyés partout pour exciter les hommes du Nord, et des pamphlets incendiaires furent répandus à profusion, par la voie de la poste, dans toute l'étendue des Etats du Sud. Le Sud se souleva d'indignation, des meetings eurent lieu, et l'on adopta des résolutions où l'on faisait appel au Nord pour qu'il arrêtât le mal dont on était menacé, et où l'on s'engageait à prendre soi-même des mesures pour se défendre, s'il n'était pas arrêté. A la réunion du Congrès, il y vint du Nord, par torrents, des pétitions qui sommaient le Congrès d'abolir l'esclavage dans le district de Columbia, et de prohiber ce que les abolitionistes appellent le commerce intérieur des esclaves entre les Etats annonçant en même temps que leur but suprême était l'abolition de l'esclavage, non-seulement dans le district, mais aussi dans les Etats et dans toute l'Union. A cette époque, les personnes lancées dans ce système d'agitation étaient en petit nombre, et possédaient peu ou point d'influence personnelle.

Ni l'un ni l'autre des partis, dans le Congrès, n'avait alors de sympathie pour ces agitateurs ni pour leur cause. Les membres de chaque parti présentaient leurs pétitions avec beaucoup de répugnance. Néanmoins, quelque faible et méprisable que fût alors le parti de l'agitation, les deux grands partis du Nord le redoutaient. Ils sentaient que, tout infime qu'il fût, il était organisé au nom d'un objet qui avait une grande et puissante influence sur les esprits dans le Nord. Chaque parti, à cause de cela, craignait de s'opposer aux pétitions des abolitionistes, de peur que l'autre parti, se mettant dès lors à les favoriser, ne se servît de cette opposition comme d'une arme. Il en résulta que tous les deux insistèrent ensemble pour que les pétitions fussent reçues et que le Congrès prît juridiction sur cette question. Pour justifier leur conduite, ils prirent le prétexte étrange que le Congrès était tenu de recevoir les pétitions sur n'importe quel objet, quelque peu admissibles qu'elles fussent, et soit qu'ils eussent ou n'eussent pas juridiction. Cette doctrine prévalut à la Chambre des représentants, et en partie au Sénat. Le parti abolitioniste réussit donc, dès ses premiers mouvements, à conquérir ce qu'il s'était proposé : une position dans le Congrès, d'où l'agitation pût s'étendre sur toute l'Union. Tel fut le commencement de l'agitation qui depuis lors a toujours continué, et qui a, comme on le reconnaît maintenant, mis l'Union elle-même en danger.

. . . .

. . . . L'Union ne peut être sauvée par les éloges qu'on en fait, quelque nombreux, quelque magnifiques qu'ils soient. Le cri « Union, Union, glorieuse Union ! » ne peut pas plus empêcher la désunion que le cri « Santé, santé, glorieuse santé ! », dans la bouche du médecin, ne peut sauver le pauvre patient qui est dangereusement malade. Tant que l'Union, au lieu d'être regardée comme un protecteur, sera regardée comme tout le contraire par une majorité des États, ou peu s'en faut, ce sera vainement qu'on essayera de les concilier en prononçant de beaux éloges en sa faveur.

Outre cela, ce cri « Union ! » vient ordinairement de ceux que nous ne pouvons pas croire sincères. Il vient communément de nos agresseurs. Mais nous ne pouvons croire à leur sincérité, car, s'ils aimaient l'Union, ils seraient naturellement dévoués à la Constitution. C'est elle qui fit l'Union — et détruire la Constitution, c'est détruire l'Union. La seule et irrécusable preuve de dévouement à la Constitution, c'est, d'un côté, de s'abstenir de la violer, et, de l'autre, c'est de repousser toute tentative faite pour la violer. Ce n'est qu'en accomplissant fidèlement ces devoirs sacrés que la Constitution peut être sauvée, et avec elle l'Union.

Que devient ce prétendu dévouement à l'Union, professé par nos agresseurs, quand il est soumis à cette épreuve ? Se sont-ils abstenus de violer la Constitution? Que les nombreuses lois passées par les Etats du Nord répondent, toutes ces lois faites expressément pour éluder et annuler la clause de la Constitution qui pourvoit à l'extradition des esclaves fugitifs. Je cite ce fait, non pas que ce soit l'unique exemple, car il y en a encore beaucoup d'autres, mais parce que la violation de la Constitution est, sur ce point, trop notoire et trop palpable pour être niée. De plus, se sont-ils jamais loyalement présentés pour repousser toute violation de la Constitution ? Que leur conduite dans la propagande abolitioniste réponde, cette propagande commencée et continuée depuis quinze ans dans le but avoué d'abolir l'esclavage dans les Etats du Sud, but reconnu inconstitutionnel par tout le monde. Qu'ils nous montrent, durant cette longue période, une seule circonstance dans laquelle ils aient dénoncé les agitateurs ou leurs tentatives pour effectuer ce qui est reconnu comme inconstitutionnel ; qu'ils nous montrent une seule mesure prise par eux dans ce but. Comment pouvons-nous, avec tous ces faits devant nos yeux, croire qu'ils soient sincères dans leur profession de dévouemeut à l'Union, ou nous empêcher de croire que cette profession de dévouement n'a d'autre but que d'accroître la vigueur de leurs attaques et d'affaiblir la force de notre résistance.

. . . .

. . . . L'Union non plus ne peut être sauvée en invoquant le nom glorieux de cet homme du Sud dont les restes mortels reposent sur la rive occidentale du Potomac. C'était un des nôtres : un propriétaire d'esclaves, un planteur. Nous avons étudié son histoire, et nous n'y trouvons rien qui justifie la soumission à l'injure. Au contraire, sa grande renommée se fonde sur ce qu'il était aussi prompt et décidé pour repousser l'injure qu'il était soigneux de ne faire de mal à personne. J'aime à croire qu'en ceci nous avons profité de son exemple.

Nous ne pouvons rien trouver non plus dans l'histoire de sa vie qui nous détourne de nous séparer de l'Union, si elle venait à ne pas remplir le but pour lequel elle a été instituée, et devenait à jamais un instrument d'oppression, et non plus de protection. Au contraire, nous trouvons en lui bien des exemples pour nous encourager, au cas où l'on nous pousserait à l'extrême nécessité d'avoir à décider entre la soumission et la rupture de l'Union.

4405. — Paris, imp. de CH. JOUAUST, rue Saint-Honoré, 338.

www.ingramcontent.com/pod-product-compliance
Ingram Content Group UK Ltd.
Pitfield, Milton Keynes, MK11 3LW, UK
UKHW020144200726
13856UKWH00003B/840